7人の母、国会を行く

ひきこもり、障害児者とともに

黒岩秩子
Chizuko kuroiwa

築地書館

まえがき

政治とは汚いもの、私利私欲、うそ、ごまかし、ああいやだいやだ。

多くの女性のみなさんと同じように私も思っていました。だから政治家の名前はもちろん、総理大臣の名前さえ知らず、周囲を驚かせたこともあります。

そんな私が保母をしていたとき知り合ったご縁で、堂本暁子さん（参議院議員を一二年間務めたのち、現在は千葉県知事）の勧めによって、新党さきがけから参議院議員に立候補することになったのは一九九五年のことです。「政治のことをなんにも知らない人を候補者にするとは、新党さきがけもずいぶん大胆だ」と友人が言っていました。私はただ、そのころかかわっていた登校拒否の子どもたちや、さまざまな障害児者のやりきれない思いを聴きつづけてきて、どこをどうすれば少しでも苦しみが減るのか、政治の場で追求してみたい思いに駆られての立候補でした。

あれから六年、世の中はよくなるどころか、ますますおかしくなっていると感じていたときに、堂本さんの千葉県知事選出馬にともなう繰り上げ当選という形で、参議院議員になるという思いもかけない展開となりました。

「非常識」を売り物にさえしているこの「ヘンテコおばさん」が、いったい国会なんていうところでどんなことをしでかすのか、周囲の人たちのみならず、自分自身でも心配がありました。

私の子どもたちは集まるたびに私の「非常識ぶり」をあげつらって楽しそうに話していいます。私の還暦祝いに家族からもらった「愛のアルバム」のなかに「秩子《ちづこ》を一言で表現すると」という問いに対して、「ペット」と書いた子どもがいます。なにしろ、家族でインドに行ったときのこと、子どもたちの目を盗んでは生水を飲み、みんなは現地で下痢がはじまったというのに、日本に帰ってからやっと下痢、そしてオムツ生活一週間を送ったという人間なのです。

思ったことがそのまま口に出る性格のために、どれだけの人を傷つけ、どれだけの舌禍《ぜっか》事件で、自ら反省したことでしょう。母乳で育てているお母さんに「粗食だとお乳が出るんだってね」と言って、「あら、じゃあ恥ずかしいじゃない」と言われ、ようやく相手と私の価値観が違うことに気づくのです。

そのうえ、誤解の天才、ときています。相手も自分と同じように、思っていることと言っていることが同じだとしか思えなくて、どれだけ人を傷つけ、また自分自身も傷を負ったことか。そんな私が国会などという堅苦しいところに出ていって、どんなことになるのか不安があったのは当然というものです。

トコロガデス。意外なことに、こんな私がこれまで生きてきた六〇年間の生活を、そのまま国会に持ちこんだら、それだけで国会のなかをザワツカセタ、という感じなのです。

とにかく任期は七月までというので、たった五カ月のことだから成果を出すのは難しいだろう。でも、七人の子どもを育てながら、高校の教員を六年、保母を一九年、登校拒否児や障害児者をふくめた大地塾を八年、地域活動のなかでできた「共に育つ会」の仲間たちとともに社会福祉法人を立ち上げ、老人の居宅施設であるケアハウスの運営をして二年、そんな現場からの視線で、政治の場で何が行われているのか、キチンと見てこようとは思っていました。

いやいや、見る価値は十分にあったし、実に興味深いところでした。欠席する人、眠っている人、いちばん大事な採決のときに寝過ごす人までいる、そんななかで生活に密着することごとが決まっていくのです。不況による雇用対策法案、いろいろな年金法案の改定、障害者の資格取得にかかわる欠格条項など、どれをとっても生活に密着した問題でした。

今まで「夫婦げんかは犬でも食わん」とほうっておかれながら、配偶者や恋人の暴力で殺されてきたたくさんの女たち（数少ない男があることも知っています）が、ドメスティック・バイオレンス（ＤＶ）防止法ができたことで、救われることも多少あるようになってきました。このＤＶ法が成立するまでの道たるや、大変なものだったと聞いています。その実現に満身の力をこめた女たちと数少ない理解ある男たちの努力によって、女たちの生活が少しよくなるということでもあります。政治とは、生活の仕方を決めていってしまうものだということが、国会に行ってみてほんとうによくわかりました。

そんな思いを共有していただけたらという願いをこめて、この本をお届けします。

なお、書いているときにはほとんど敬語を使っていたのですが、読みにくいとの指摘を受けて、すべての敬語を削りました。失礼と感じられるところもあるかと思いますが、お汲みとりください。

また、「不登校」「登校拒否」など言葉がいろいろありますが、私は、学校に行かない、または行けない人たちを「登校拒否」という言葉で表現することにしました。

目次

第1章 「ヘンテコおばさん、国会議員になる」

二〇〇一年四月一日号の『サンデー毎日』は、右のようなタイトルで私の国会議員デビューを報じた。記事は次のように結ばれていた。

「黒岩さんは、（議員会館）入室時に慣例的に行われるリフォームを断り、質素に国会議員としての活動をスタートした。

『さしさわりのあることを言い合う。これが、私のモットー。これまでは、障害者やお年寄りが普通に暮らしていける地域作りのために、遠くの方から吼《ほ》えていましたが、これからは近くで吼えられますからね』

国政の場で大いに吼えて、持ち前のヘンテコぶりを発揮してほしいものだ」

一人だけの初登院

二〇〇一年三月一六日、初登院。私一人だけのそれだった。というのは、私は堂本暁子さんの千葉県知事選挙立候補にともなう繰り上げ当選だったからだ。

二月八日、めずらしく私の目はテレビの国会中継に釘づけになった。菅直人さんが森首相を鋭く追及していた。その姿に見とれながら、私の体のなかの血が騒ぐのを感じていた。その夜参加した集会で、私はそのことを参加者のみなさんに伝えた。

その翌日のことだった。堂本さんから電話。「あなた繰り上げ当選よ」。前日の「血の騒ぎ」とのつながりをとっさに思い浮かべていた。六年前に新党さきがけ比例区から立候補し、次々点だったのだが、次点だった渡辺光子さんが民主党に行くときに「次点を譲ります」と電話がきたのだった。

そもそも堂本さんとのつきあいは、彼女がTBS在職中、ベビーホテルのキャンペーンをしていたときに、私が保母として働いていた町立保育所に取材にきたのがはじまりだった。その延長として六年前の立候補がある。当時、私は登校拒否児や障害児者たちの駆けこみ寺としての塾（大地塾）を主宰していた。塾生たちの言葉にならない声を、どこかに向かって訴えたい思いに駆られていた。だから新党さきがけからの出馬要請を受けることにしたのだった。

堂本さんからの電話を受けて、まずは堂本さんの千葉県知事選挙から取り組んだ。新潟の自宅で電話をかけまくり、堂本さんのリーフレットの注文取りをして、二月一五日に上京。堂本さんの参議員宿舎の部屋に寝泊りすることになった。そして、朝八時半から夜の一〇時半まで毎日、日曜・祝日もなく議員会館に通った。

議員会館の玄関にはいろいろな集まりの予定が書かれている。「ひきこもり親の会」「売買春を考える会」「在外被爆者の裁判」「ハンセン病の裁判」「国会に保育所を！」「自然エネルギー促進法」などなど。私は、これまでかかわってきた問題に関する集まりにはどれにも参加した。「まだ議員になっていないのですが」と前置きをして自己紹介をすると、どこに行っても歓迎された。

七月で私の任期が切れる。たった五カ月の議員生活とあっては一日でももったいない。部屋のリフォームなどとんでもない。私は自分のやろうとしていることを早く厚生労働省に知らせたかった。幸い、さきがけの旗を一人で守っていてくれた中村敦夫さんと二人で、「さきがけ環境会議」という会派を組むことになり、敦夫さんを通して厚生労働省の人にきてもらって、二つのことを申し入れた。

一つは、最近知り合ったばかりの難病の若い友人が、まったく寝たきりの状態で情報は耳から得るしかないというのに、点字図書館にある視覚障害者用のテープが視覚障害者にしか借りられないという現実をなんとかしてほしいということ。

もう一つは学童保育の問題。二〇人集まらないと国からの補助金が出ないというのでは、田舎ではほとんど補助金がもらえないことになる。二〇人集めることが不可能な地域はたくさんあるという問題。

早速やってきた役人は、私の雰囲気から察して、まさかこの人が議員になるとは思えなかったようだ。私が黒岩だと伝えたときの狼狽ぶりがおかしかった。なにしろそのときに着ていた洋服のことを、のちに敦夫さんは「ホームレス状態」と表現したが、そんな身なりだったのだ。うちの子どもたちに言わせれば「着られればいい」という程度の洋服を着ていた。

そのときき た厚生労働省の職員は、ノンキャリといわれる方のようだった。交渉する相手によって、対応する職員の役職が決まっているという。たぶん、新米の私にふさわしい立場の人がきたのだと思う。

まず点字図書館のことについて言えば、点字図書館は法律上「もっぱら視覚障害者のため」となっているし、あとは「著作権法の問題だ」と言うのみで、まったく聞く耳なしという状態に思えた。すでに録音されているテープを問題にしているのだから、著作権の問題とは思えなかった。そのうえ、視覚障害者の数にくらべれば、それ以外の障害で情報を耳からしか入れられない人は、取るに足らない数にすぎないはずだ。しかしなにはともあれ、厚生労働省の言い分がわかったので、私の質問は厚生労働省のみならず、著作権を扱っている文部科学省のなかの文化庁に対しても向けることにした。

議員になってから、厚生労働委員会でのこの問題に関する一回目の質問は、時間の配分がうまくいかなくて途中で切れてしまい、せっかくきてもらった文化庁の方にむだ足を踏ませることになってしまった。そこでおわびの電話を入れると、すぐ著作権課長岡本薫さんが議員会館の私の部屋に現れた。

岡本さんは、「すでにできているテープについては、点字図書館の利用範囲さえ広がれば、著作権者の了解を得て（契約して）使えるはず」と言う。「障害者向けに新たなテープを作る場合、大部分の著作権者は了解しているので、既存のテープについても断る人はまずいないはず」とも。さらに、ある官庁の幹部の一人は、「あんなに閉鎖的な学校というところさえ、今では『地域に学校を開く』なんて言っているのですから、点字図書館がそんなに閉鎖的では時代に取り残されると言ってやってください」とおっしゃる。

わが意を得たりとばかりに二回目の質問をした。

「もし、著作権の問題がなかったとしたら、厚生労働省としてはどうしますか？」

3月16日初登院の日。新潟から夫と三女、東京在住の
長男と次女がきてくれた。いよいよ議員の一員になる。

結局、「六月に点字図書館の全国の集まりがあるから、そのときにそのことを話しておきます」という答弁を引き出すことができた。

学童保育のことは小泉首相になってから、内閣として取り組むということになったので、任せることにした。

私の初登院の三月一六日、夫は診療所を休んでやってきた。東京にいる長男（実は私の秘書）と次女、新潟にいる三女の四人の家族とともに、正門から議事堂のなかに入った。

かつて、六〇年安保のころはデモをかける対象でしかなかった国会のなかに、自分が今こうして入っているということが、いくら四〇年の歳月を経ているとはいえ、自分のなかで少々ちぐはぐな感じをぬぐい得ない。

「南通用門はどこだ?」と、夫は樺美智子《かんば》さんが亡くなった場所を探しているようだった。樺さんは、一九六〇年六月一五日、日米安全保障条約改定に反対する学生のデモに参加して国会構内に入り、警官隊に排除される過程で死亡した。夫自身もそこで一時胸部圧迫による意識不明になっていたのである。青春時代の私たち夫婦にとって、国会とはまさにそのようなものとして存在していたのである。

国会の一員となる——そして選挙出馬を決意する

会派には控え室というものが与えられる。「さきがけ環境会議」の控え室には、本会議場の上の一室が与えられた。本会議がはじまる一五分前にそこに集まって、その本会議で議決される法案についての賛否を話し合う。敦夫さんの政策秘書である田中信一郎さんが法案について解説をしてくれ、一応会派としての態度を決める。

五カ月間に一回だけ、私は敦夫さんと異なる意見を表明した。それは人事案件で、審議会の委員への信任・不信任を決めるときだった。候補に上がってくる人物はほぼ知らない人ばかり。だから経歴などの客観条件によって賛否を決めるのがふつうになっている。情報公開の審議委員には官僚出身者はだめというのが敦夫さんの基準だった。しかし私の知っている住《すみ》田《だ》裕《ひろ》子《こ》さんは、官僚出身者でありながらこの任にふさわしいと思われたので、私は丸にした。

それ以外、法案の賛否では二人は常に一致することができた。

話を元にもどそう。さきがけ環境会議を結成してまもなく、敦夫さんから七月の参議院選挙に東京選挙区から無所属で出馬しないかという話がきた。実は、はじめて敦夫さんと話し合ったときに、彼はこう言った。

「政治家たるもの、一度それを志したからには、五カ月でやめるというのは道に外れますよ」

と言われても、さきがけはすでにないに等しい党になってしまっている。だから比例区で出るわけにはいかない。新潟選挙区ではすでに社民党の内田洵子さんを推薦することにしていた私である。そこから立候補しては仁義にもとる。とすれば、小学校から東京だったのだから東京選挙区しか考えられない。そう伝えると敦夫さんは言った。

「東京選挙区なんていうのは、四議席を四大政党が政党の生死をかけて戦うんですよ。そこに三年前ぼくが割りこんだわけだけど、あのときは自民党が二人出ていたからね。それでもぼくはやっと四位という状態だからねえ。東京選挙区は難しいでしょう」

そう言っていた敦夫さん本人が、一カ月も経たないうちに私に出るようにと言ってきた。

「ぼくが三年前に七〇万票とったから、そのうち三〇万はくるとして、社民党の推薦をもらえば、固定票が二〇万あって、あとあなたが二〇万とってくれれば、当選圏に入れますよ」

これがそのときの敦夫さんの「予想」だった。折しも、森首相への風当たりが最高の風力になっているときだった。私は一日考えさせてもらい、身内に相談したうえで、ダメモトだからやってみようということになった。自民党の保坂三蔵参議員はKSD議員と同じ派閥で近い関係にあったから、これを落として当選しよう、ということで意気ごんだ。

KSDとは中小企業経営者福祉事業団のことで、村上正邦、小山孝雄らの議員が、国会でその利益になるような質問をした見返りに、KSDから多額の資金をもらったことにより、収賄で起訴され、議員辞職に追いこまれた事件だ。それにかかわった議員のことをKSD議員と言っている。

まさに「とらぬ狸の皮算用」とはこのことだった。

実際、社民党のなかの大渕絹子さん、田英夫さん、保坂展人さんなどは、東京選挙区から独自候補を立てずに、黒岩を推薦しようということで、党内調整に奔走していた。しかし最終的に独自候補を出すということになってしまった。

三月二三日に、本会議で議長から私が紹介された。はじめて入っていった本会議場は、実にリラックスしてしまうところだった。私は大臣席のすぐ前の席で、しかも首相席にいちばん近いという位置だった。会派を組んでいる敦夫さんは私の後ろの席。二人がそこに着席したとき、森喜朗首相から私の頭ごしにこんな言葉が発せられたのだ。

「中村先生。テレビでドラマに出ているのを見ましたよ」

敦夫さんがそれに答える。

「あれは五年前に収録したものなんですよ」

三年前に議員になった敦夫さんは、それ以前にかかわったにすぎないと言っているのだ。まるでコタツ談議のような会話が私の頭ごしになされたわけだが、その直後、森首相は、えひめ丸事故のときゴルフを続けたというので、野党の厳しい追及にあうことになっていたのだ。敦夫さんが言うには、テレビのニュースはどこもえひめ丸のことでの森首相批判なので、仕方なく時代劇を見ていたのだろう、とのことだ。どちらにしても森首相の緊張感のなさを、はじめから見せつけられることになったのに変わりはない。この人はきっと、「隣のおじさん」としてつきあえば、「いいおじさん」なのだろうと思った。

その直後、私は議長により一人だけ紹介されて、参議院の一員となった。

登校拒否児・障害者が中心の議員就任パーティー

私の参議院議員就任のパーティーを、四月一日に浦佐《うらさ》（新潟県南魚沼《うおぬま》郡大和《やまと》町にある地名。上越新幹線の駅の名前となっている）と新潟市で友人たちが開催してくれた。

一二時に浦佐の料亭で開いてくれたのは、この町初の女性町会議員志太《しだ》キエ子さんと「共に育つ会」（障害児者が地域のなかでふつうに生きていけるようにという地域活動のグループ）の古くからの会員で、夫の診療所の事務長、坂西茂男《ばんざいしげお》さん。集まったのは一三〇人で、昔からの「共に育つ会」のメンバーをはじめ、夫・卓夫の町長選挙で二回も悔しい思いをした人たち、そして私がやっていた大地塾のメンバーなどなど。

会場が狭いから一家族一人しかだめと言われたが、障害児者の場合、介助の家族と一緒でなくてはこられないのだから、特別枠にしてもらった。私が参議院議員になったのは、登校拒否児や障害児者とのつながりがあってのことなのだから、この方たちを中心にしてほしいとお願いした。

当日は、三年前まで大地塾生だった二人からお祝いの言葉をもらった。彼らの話は、いつもながら聴衆の拍手を誘う。一人は私のことを「クロちゃん」と呼び、もう一人は「おばん」と呼ぶ。

4月1日の浦佐での議員就任パーティーで、
スピーチをする元大地塾生、山田正和さん。

戦後では、私がはじめての町出身国会議員だということもあって、秋山武雄大和町長からも祝辞をもらった。

新潟市では、私の妹を自称する内山孝子さんと「ちづちゃん大好き」の石山明美さんの二人が主催して、ホテル新潟で六時から行われた。私の知らない方たちもふくめて二三〇人もの参加があった。登校拒否の関係者や、障害児者関係の方がたくさん集まったことは、言うまでもない。そのなかに無年金障害者として闘ってきた遁所《とんどころ》直樹さんがいた。車椅子のままスピーチをした。

そのときにはまだ、彼が私にとってどんな役割をしてくれるのか、予想もしていなかった。ここには県会議員も何人もみえていたし、町長や市の収入役などの要職についている方も多かった。

両方の会に参加した敦夫さんは、どちらも温かい雰囲気があって感動した様子だった。

また、のちに熾烈《しれつ》な戦いをする羽目になる二人の参議院新潟選挙区の候補者もきていた。社民党の内田洵子さん、自由党の森裕子さんの二氏。後日の選挙結果は、森裕子さんが二位当選、内田洵子さんが小差で次点だった。

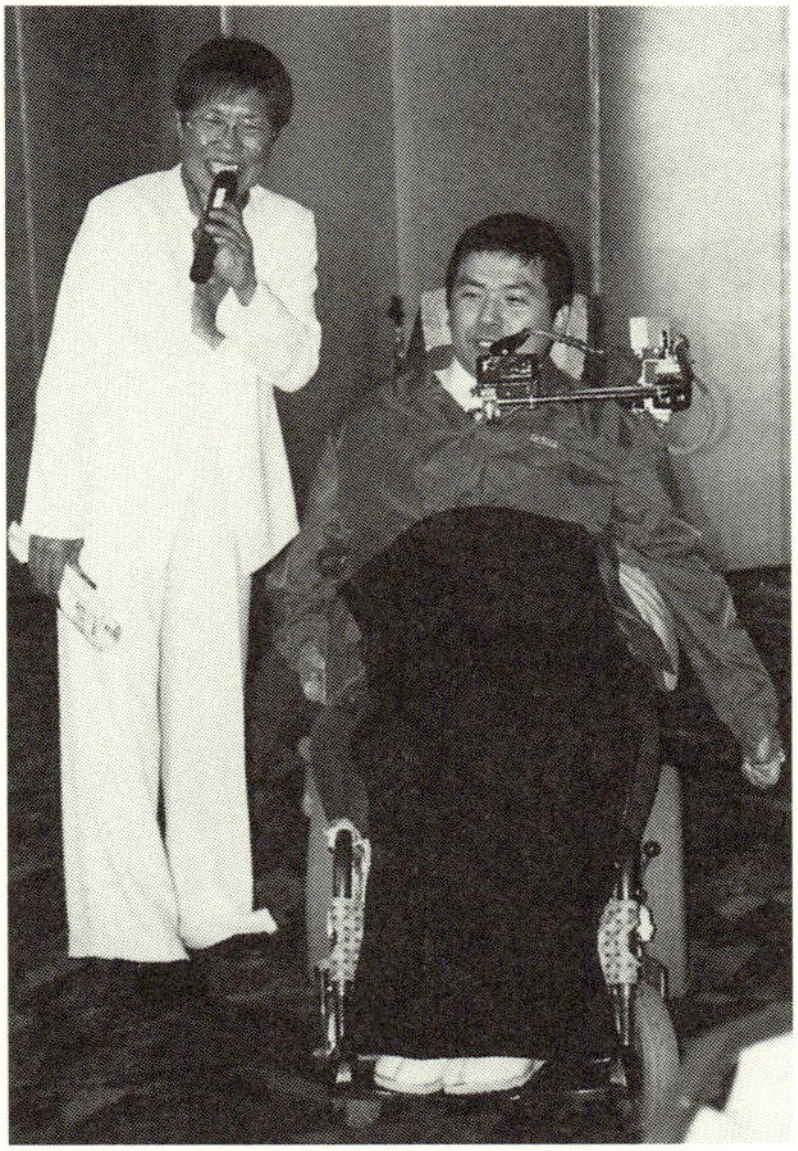

無年金障害者の遁所直樹さん。
車椅子で駆けつけてくれた。

出馬表明——広がる人の輪

なにしろ東京ではまったくの無名人だから、なるべく早く選挙活動にとりかからなくてはと気が焦った。しかし、自民党の総裁選とかちあっては、話題性がなくなるから報道されないだろう、などと考えながら、四月一三日に出馬表明をすることにした。

中村敦夫さんと二人で、用意された会見場で二〇人ぐらいの記者を前に、硬くなりながら意思表明をした。ＮＨＫの若い女性記者が興味を示してくれた程度で終わった。翌日の新聞はどれも、これ以上小さくは書けないだろうという扱い方だった。

その後、世の中は小泉首相への賛歌であふれかえることになった。

それでも私を支援しようという人が、一人二人とやってきてくれた。なによりもうれしかったのは、私の中学の同級生でかつ敦夫さんの高校での同級生、小林寿美枝さんが選挙事務所を預かってくれることになったことだ。事務能力も人間関係も抜群、たくさんの要求を同時に処理してしまう能力には、私の秘書である長男宇洋《たかひろ》がいつも感心していた。出馬表明の記者会見場の後ろで心配そうに立っていた彼女の表情は忘れられない。

早速彼女は中学時代の友だちに連絡をとりはじめ、五日後には同期会を開いてくれた。四五年ぶりに会う人もいた。私のクラスはつい数年前までクラス会を開いていたので、会った

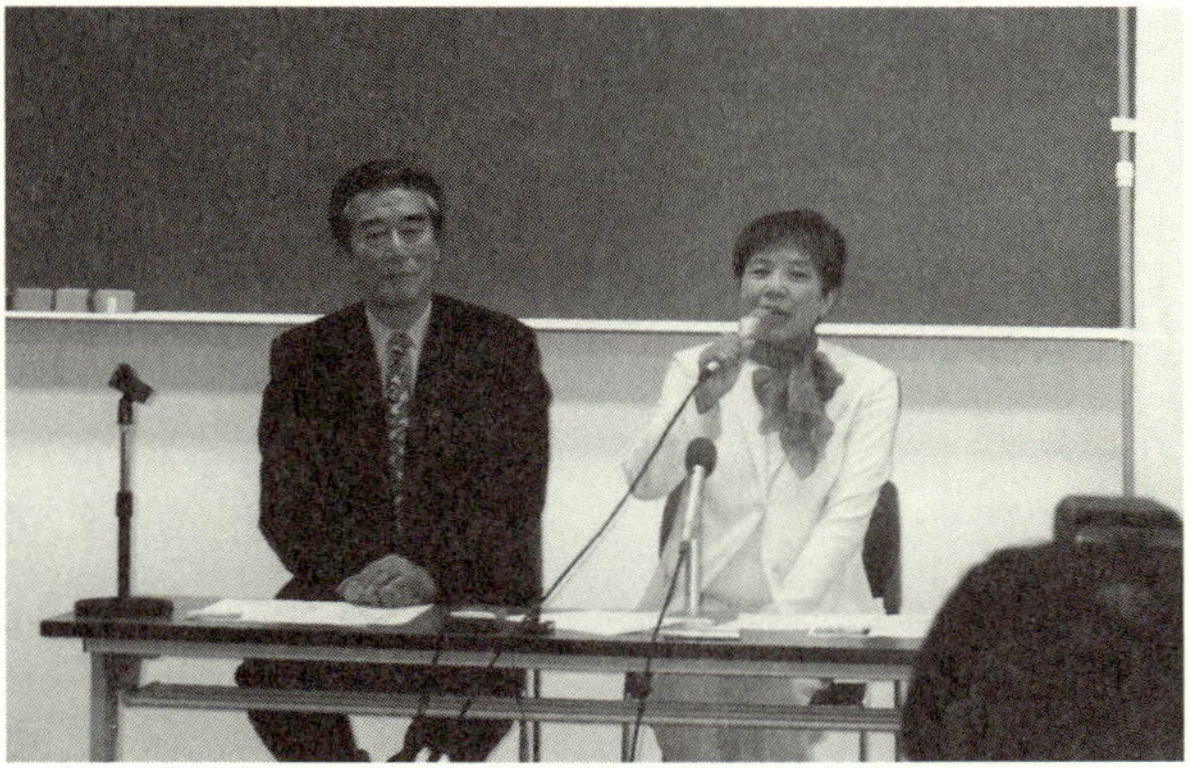

4月13日、会見場で出馬表明。
硬くなっているのがわかる。

ことのある人が多かったが、同じクラスになったことのない人までがやってきてくれた。そのなかの一人でバレー部の友だちは、その後事務所に熱心に通ってくれるようになった。

　高校の同窓会は、私の学年より二年上、一年上、一年下の方たちが早速動きはじめた。私の学年では同級生の妻たちが真っ先に動きはじめて、それから同級生どうしのカップルや同級生が事務所にきて電話かけをはじめた。私は、高校時代、生徒会活動にかなり熱心に取り組んでいたので、その関係の友人が多かった。そのうちの一人が自民党の加藤紘一さんである。

　当時生徒会長（都立日比谷高校では行政委員長という）をしていた、一級上、二級上の方が、精力的に動きはじめた。また、如蘭会《じょらん》という同窓会で「同窓生による講演会」が継続的に開かれていて、何年か前に私が講演をしたこともあり、登校拒否児や障害児者の話をそのときに聞いたという人たちも動きはじめた。

大学の同窓生も、女子寮で生活をともにしていた友人をはじめ、女子卒業生の「さつき会」の方が動きはじめた。ここでもさつき会会員による講演会というのがあって、そこでも私の話を聞いたという人の動きが早かった。会員名簿によって手分けをして電話かけがはじまった。この電話かけというものは、相手の反応がよければ力づけられるし、反応が悪ければエネルギーを吸いとられてしまう。人とのかかわりが苦手という人にとっては、電話かけは苦行そのものだ。

教員をしていたころの同僚や、教え子といわれる人たちも現れた。私の子どもたちの知り合いもきてくれた。敦夫さんを取り巻く「国民会議」の方々は言うまでもない。そのなかには地方議員の方が何人かいた。そのほかにも、かなりの数の地方議員の方たちが参加するようになった。

全国の「革新系無所属」の議員グループがあり、一五年ぐらい前に、私の夫がそこに講師として招かれたことがある。そのときに幹事をしていた島田清作さん（立川市議を七期務めた）が私の高校の先輩で、一緒に生徒会活動をしていた仲間だった。島田さんと敦夫さんは、二〇〇〇年の川田悦子さん（衆議院東京二一区補欠選挙で当選した、薬害エイズ患者龍平さんの母）の選挙をともに戦った同志でもあった。島田さんの活動は三多摩地区（東京都西部）の議員のまとめ役で、その後かなりの活躍をされることになる。目黒区議を五期務めた宮本なおみさんも島田清作さんと力を合わせて、ポスター貼りなどではたくさんの議員の協力を得て大活躍だった。

なんのつながりもなかったのに、集会で私の話を聞いたから、という感じでさまざまの方が事務所にきてくれるようになってきた。

「黒岩ちづこ改造計画」——敦夫さんからの三つの要求

出馬を決めた直後に敦夫さんから出された要求は三つあった。
一、メイクをする。
二、めがねをとる。
三、髪を染める。
これらはすべて、私にとってはかなりきついものだった。しかし敦夫さんは言う。「選挙に勝つには若く見せることが大事」

ある程度納得して、すぐに実行に移した。その結果できた写真は、まるで別人のようだった。大方は「きれい！」という反応だったが、私の子どもや近しい人たちは「やだー」という反応だった。「実物を見る人より写真を見る人のほうがはるかに多い。だから、多くの人がきれいと思うのがいいのだ」が敦夫さんの言。それももっともだ。

私はこれまで、メイクをしないばかりか、鏡を見るということもほとんどしたことがなかった。人から自分がどのように見られるかということを、あえて考えないできたというか、ただ単に面倒くさかっただけかもしれない。かっこうをつければ、それよりももっと大事なことがあった、と言えるのかもしれない。

この三点セットのなかで、いちばんいやだったのはメイクだ。毎朝、自問自答する。「なぜ、ぬりたくらなくてはならないか。私は自然のままでいくつもりだったはずではないのか。男のしないことをなぜ女だけがするのか」

また昔の「女としての被害者意識」が出てきている。口紅は唇が乾く感じでいやだ。

そんなある日、敦夫さんがそっと出してきた写真を見てぞっとした。私がしたメイクは見るも無残なマダラ！　その日、すぐに敦夫さんのパートナー、正子さん行きつけのエステサロンにつれていってもらい、メイクの手ほどきを受けた。しかし夏になると、汗で粉がとけて目に入って痛い（これは目より上につけないという解決策を発見した）。

結局、こんな宣言をすることになった。

「投票日以後、メイクはしない！」

「めがねをとる」については、敦夫さんはコンタクトレンズを提案してくれた。しかし、私のめがねは遠近両用だが、遠のほうは片方は度が入っていないのだ。だからふつうに生活するには、めがねはいらない。そこで五カ月間めがねなしでやってみよう、ということにした。それで困るのは名刺交換のときだけだった。いただいた名刺がほとんど見えないのだ。近のほうが必要度が高いということがわかった。選挙期間中は名刺交換の頻度が極端に高い。だからかなりの不便に耐えたあと、私は言った。

「投票日以後、めがねをする！」

それに対して敦夫さん。

「おしゃれなめがねにしてください」

なあんだ、それが言いたかったのか。確かに私のめがねはいつもいちばん安いもので、まさに「めがねでさえあればなんでも」という代物だったことに気づいた。

「髪を染める」は、一度してしまえば、あとはなにもしなくていいので、いちばん抵抗が少なかった。カットにくらべて時間が倍かかるのがいやだっただけ。

正子さんがつれていってくれたヘアサロンは、カットも洗髪もとても上手だった。後に私の髪を見た方が、かっこうがいいからそのヘアサロンを教えてほしいと言うほどのできばえだった。

一回染めてしまうとあとから出てくる白髪が目立つので、結局染めつづけることになる。でも私はあえて夫に聞いてみた。

「選挙が終わってからも、髪を染めたほうがいい?」

するとやはり染めたほうがいいという答えが返ってきた。私の父が母に言ったことと同じだった。母は父が亡くなって染めるのをやめた。きれいな白髪になっていた。私も同じ道をたどることになるのかなと思いながら、選挙後も染めに行った。その後、「ヘナ」という自然の染料を買いこんで、家族に手伝ってもらいながら自分で染めている。

全体として、敦夫さんが黒岩ちづこを改革したのは成功だったようだ。なにしろ、選挙期間中一〇歳以上若く見られていたのだから。洋服もすべて、正子さんが選んでくれた。足の長いのが目立つイタリア製の白いスーツを二着そろえた。かっこういいとよく言われたものだ。「若さ」というのは、選挙にとっては大切な要素らしいのだが、私の日ごろの価値観とは違うということを一言つけ加えておきたい。

知名度ゼロ――街頭に立つことからスタートだ！

なにしろほぼ知名度ゼロの私である。知ってもらうには街頭に立つしかない。四月末の連休から駅頭に立つことをはじめた。

まず、敦夫さんが街宣車の上かビール箱の上かで話しはじめる。長々と小泉政権を批判してから私の紹介をしてマイクが渡される。六年前にもしたことがあるし、日ごろから人前で話すことには慣れているので、あがるという心配はないのだが、道行く人々の足を止めるように話すというのはとっても難しい。敦夫さんは声に張りがあって、そもそも紋次郎としての知名度がある。私がしゃべりおわると、敦夫さんはいくつかの注意をしてくれる。

「そんなやわらかい声じゃだめですよ。東京の人たちは怒ってるんですからね。第一にこの不況でしょ。大変な借金でしょ。もっと怒ってくださいよ」

もともと私は攻撃的な人間で、人をつついてばかりいるということから雄鶏にたとえられていたものである。ここ魚沼に越してきてから、攻撃することによってよくなることはほとんどないということを「学習」してきた。だから自分で自分のなかの攻撃性をどんどん削ってきたのが実情だ。ついこの間まではまだかろうじて残っている攻撃性を、夫と長男に向けてきた。それさえ、この数年はほとんどなくなっている。

でも、テープに吹きこんだ自分の声を耳にして、そのあまりの甘ったるさに、われながら驚いたしだいである。こんなかわいい声だったのか。その声を直すというのは無理だ。だから少しでも力強く話そうと努力した。

努力をしてもほとんど報われることはなかった。ミニ集会なら自信があるのに……。と負け惜しみを言うが、ミニ集会などそうたびたびやれるものではない。ミニ集会は聞きたいという意欲をもった人がきてくれるのだから、うまくいくのが当たり前だ。歩いている人を呼び止めるにはどうすればいいのか。

時には、止まってずうっと聞いてくれる人もある。終わってから近づいていくと、「感動しました。ほんとうにおっしゃるとおりです」などと言ってもらえることもあった。また、バス待ちの人に話しかけていると、バスをやり過ごして一人残って聞きつづけている人もある。そういう時はうれしくなって、近づいていって会話をする。時には立ち止まる人を見習ったかのように、一〇人ぐらいで聞いてくれることもあった。

「桃太郎」という方法もあった。敦夫さんと私ののぼりを立ててスピーカーを持つ人やビラを配る人が、まるで桃太郎行列のように縦に並んで歩くのだ。この場合は敦夫さんやそのほかの方がしゃべってくれるので、私は歩いて、時にはビラを渡し、時には握手をする。

巣鴨のとげ抜き地蔵の商店街では紋次郎人気が大変なもので、商店の奥からおばあちゃんたちが出てきて敦夫さんに握手を求める。敦夫さんもうれしそうに笑って応対している。敦夫さんにうっとり見とれている人もある。そういう人の多くはチラシを受けとってくれる。だが、見とれているだけでチラシをふりきって行ってしまう人もある。

敦夫さんがはじめのころ言っていた「ぼくの七〇万票のうち三〇万は黒岩さんに」は、街宣を続けているうちに、ものすごく楽観的な見方だと思うようになっていった。やっともらってくれたチラシとて、いったいどれだけの人が読んでくれたのか、知るよしもない。

街頭で訴えたのは、知的障害児との出会いによって、人生観が一八〇度変わったこと。登校拒否は命を守る一つの方法であること。都会における老人介護の問題は、在宅医療に支えられれば、家のなかで実現できるが、そうでない場合にはグループホームなどの居宅施設が必要なこと。居宅施設については、公的資金の投入によって土地を買い上げてもらい、それをＮＰＯ（特定非営利活動法人）や民間に払い下げてもらって施設を建設、運営をしていくＰＦＩという方式を提案した。また、戦争の世紀だった二〇世紀は男が社会を支配していたが、二一世紀は女たちによって平和の世紀にしたい、とも訴えた。

それから、労働時間が長すぎる男たちの労働時間をもっと短くして、お父さんを家庭にとりもどし、その分女たちが社会に出ていって自己実現を図る。そうしてはじめて女と男が対等に会話できる家庭が作られるだろう。そうなれば、夫婦が協力しあって子育てを楽しむことも可能になってくるだろう。二一世紀を男女共同参画社会にしたい。

時には拍手がわくこともあって、そんなときは満ち足りた気分になったものである。

しかし、私のいちばんのセールスポイントは、七人の子持ちだということになってしまった。敦夫さんがその売り出し方を考えてくれた。彼のアイデアによってできあがったのは、一メートル四方のベニヤ板に、大きく7という数字を書いて、その下に「七人の子を産み育てた」と書いてある看板。その板が七枚できあがったのだ。それを街宣車の周りや人目につくところに立てかけた。

これは確かにインパクトがあった。小学生が近づいてきて「えっ！　誰が七人の子どもを産んだの？」などと言ってくれる。「私よ。これお母さんに持っていって」とチラシを渡す。こんなときには必ず受けとってくれるのがありがたい。

第2章

女として、生活者として

委員会質問初体験——一日の労働時間を短く

私たちのような小会派は本会議での質問権はもっていない。だが、参議院の委員会では毎回最低一五分（往復、つまり相手の答弁もふくめての時間）の質問時間がもらえる。私にとっての初体験は三月二九日にやってきた。その日の厚生労働委員会は労働時間短縮の法案審議だった。私はこれまでずうっと思いつづけてきたことを、そのまま話した。

「七人の子どもを育てながらフルタイムで働きつづけてきました。そんな女たちの一人として、大型連休とか週休二日とかいう前に、一日の労働時間を短くしてほしいとずうっと思いつづけてきました」

これに対して坂口力厚生労働大臣はこう答えたのだ。

「そういうお考えをはじめてうかがいました。大型連休のほうがいいという方もあるでしょうから、一日の労働時間を短くするのと大型連休を選択制にするといいのでしょうね」

私はこの答えを聞いて驚いてしまった。ふつうの暮らしをしている女や子ども、つまり家族にとってはごく当たり前のことが、この世界では「はじめてうかがう」たぐいのことになるのか。生活の現場を国会に持ちこむ人の数が圧倒的に少なすぎるのだ、と思った。ちょうど二〇〇一年の四月、フランスでは週三五時間制になったという。つまり一日は七時間ということだ。それはきっとパリテ法という男女同数法を作り上げた女性の力によるものと思われる(パリテ法については、後述する)。

委員会の光景は近くで見ると興味深かった。U字型になっていて野党と与党が向きあう形になっている。実際は与党のほうが人数が多いので、公明党はこちら側になっていた。野党のいちばん端が私の席。ここからは自民党、保守党の議員がよく見える。全員が出席していることはまずない。半分くらいの席が欠けている。

これはのちにわかったことだが、選挙運動のために郷里に帰っているのだった。欠席が多くなりすぎると野党の理事が「定足数不足」と言って休会に入る。そうならないように与党も気は遣っているようだ。しかし、選挙が近づいたころにエレベーターのなかで耳にした言葉によると、「最後の三日だけ出れば、あとは選挙区に帰っていていいと党に言われた」ということだそうだ。おそらくその「党」は自民党だろう。ほかの党の人はほとんど出席していたのだから。

自民党席の出席議員は眠っていることが多い。こっくりこっくりというようなものではなく、上を向いて大きな口を開けてという人がほとんどだ。ある時こんなこともあった。最後に採決をしたら、出席者の数より挙手された数の合計が少ない。国会職員（議員の座るU字型のテーブルの周りの壁に委員部や調査室の職員が座っている）が、手をあげなかった人のところに駆けよると、なんとその人が寝過ごしていたことが判明した。

午前も午後も眠っている人がいて、何のためにこの人は政治家になったのかと思ってしまう。もしかしたら、この人たちは夜がいちばんの活躍時間なのかもしれない。私たち野党は委員会の質問が命だけど、与党にとっては夜いろいろな会合があって、それこそが命なのかもしれない。法案通過を急ぐ与党にとっては、与党議員が質問をほとんどしないで、審議時間を減らすことに「協力」してくれるのがありがたいらしい。だから私がいるあいだ、一回も質問しない委員がたくさんいた。

女性議員のネットワーク――DV法・国会内保育所・議員の産休・夫婦別姓

まだ議員にならないころ、堂本事務所に「女性議員懇談会世話人会のお知らせ」なるものが届いた。私はその日、恐る恐る出かけていってみた。すると、そこにきていた各党の世話人が歓迎してくれ、堂本さんの後、引きつづいて無所属グループの世話人をしてほしいと言う。私は内心とてもうれしかった。なにしろたった二人の会派なので、多くの議員と知り合えるチャンスは逃したくない。早速世話人になってしまった。

女性議員懇談会（女議懇）は、それまでＤＶ（ドメスティック・バイオレンスの略で家庭内暴力のこと）防止法を作ることにかかりきっていたようだ。いくつかの妥協をしながら樋口恵子さん言うところの「草の根封建オヤジ」をもふくめて、やっと法案ができたというところに、私が入っていったことになる。私はこの法案にはかなりの関心をもっていたので、ＪＪネットを通してどのような経過をたどってきたのか、だいたいのことは知っていた（ＪＪネットというのは女性政策情報ネットワークの略で、超党派の女性議員が女性政策にかかわる情報を共有したいということで、数年前からファクスまたはメールで情報を発信している。E-mail：JDW05436@nifty.ne.jp）。

ＤＶ法に関する委員会の審議に加われなかったことはとても残念だったが、議員になってすぐに、本会議において採決に加わることができた。賛成のボタンを、特別の力をこめて押したものである。

その次の議題は国会に保育所を作ろうというものだった。女議懇だけでなく若い男女二人ずつがすでに取り組みはじめているという。そこと合流して一緒にやろうということになった。

合流してみたら、すでに赤ちゃんを抱えて困っている人が二人あった。一人が参議院議員で、一年前に出産をして話題になっていた橋本聖子さん、もう一人は民主党の家西悟さん。この方はＨＩＶ感染者として近畿比例区から衆議院にきていた。パートナーが秘書で、毎日一歳を過ぎた赤ちゃんを議員会館につれてきているという。歩くようになれば、たちまち議員会館の部屋では無理になるだろう。

早速アンケートをとってどのくらいの人が必要としているのか、また保育時間やそのほか、どのような要求がもたれているのかを把握しようということになった。アンケートの対象は議員や秘書のみならず、省庁の職員にまで広げることになった。この動きはマスコミからも注目され、テレビ局のカメラが入ることもあった。そういうときには家西さんのところは家族総出で参加した。赤ちゃんのいる風景は、国会というところに生活を持ちこめる近道のように思えた。だから、私は積極的に発言した。

「子どもを育てるということを必要悪として考えるのではなく、私たちをもっと豊かにしてくれる営みと考えたい。だから、保育所は国会のなかにあって、子どもたちの声が国会に響きわたるようにしたい」

みなさんからもいろいろな意見が出された。傍聴者にも一次預かりを利用してもらえるようにしよう。すでにできている文部科学省の保育所の資料を取り寄せよう、などなど。

合流したときに会の名前を「国会に保育所を、ワーキングチーム」と決め、代表を野田聖子さんとした。そのとき野田聖子さんは、直接必要がない人が代表になったほうがいいということで引き受けたのだったが、その後、結婚するというニュースが流れ、彼女も近い将来子どもを産む決意らしい雰囲気が漂っていた。

アンケートというのはふつう作るのも大変、回収するのも、さらには集計するのも時間を要するものである。ところがこれがまったくスムースにできてしまうのがこのグループ。おそらく秘書たちの力なのだろう。省庁までふくめた三五〇〇枚のアンケートがたちまち配られ、たちまち集計されてしまった。そのころには参議院選挙真っ盛りだったので、私は詳しい結果を知らないまま終わってしまった。

このグループは若い人が多く、社民党から二五歳で当選した原陽子さん、自民党の小渕優子さんなどもきていた。男性も数人参加していて、元プロレスラーの馳浩《はせひろし》さんが国会のアスレティックルームに空いているところがあると言う。みんなで見にいくことになった。そこにはたくさんの部屋があって、体力づくりに励む人たちがいろいろな運動をしていた。空いている部屋というのは、厚いじゅうたんが敷かれていて、天井が高く、広すぎるくらいの部屋だった。ここならいいねえと話し合ったのが私にとっては最後になってしまった。

のちに聞くところでは、設置主体をどこにするのかというところで、衆議院共済組合や秘書協議会などの案があり、その組合員なり会員なりからの要求という形をとろうとしているという。

国会は産休がなかった歴史が長い。二〇〇〇年、橋本聖子さんが出産をしたときに、産休制度がないために、欠勤理由が「事故」扱いになったと新聞で読んだ。その後女性議員が要求して産休制度ができ、二〇〇一年九月に出産した水島広子さんがはじめて産休をとることになった。まさに国会とは男の職場であることを思い知らされた。

ところがである。驚いたことに、もっと遅れているところがあることを知った。地方議会である。二〇〇一年五月七日には、全国から女性地方議員が国会に押しかけ、産休ネットを立ち上げた。地方からきた議員のなかに妊娠中の人が二人いた。彼らは自分のおなかに手を置いてこう言った。

「この子が生まれるのは事故なのです」

若い女性の市議や県議が出現したことによって、こういうことがやっと問題になるようになったのだ。

国会がもっとも遅れていると思っていたら、地方議会のほうがさらにひどい。女性の議会に占める割合も、国がいちばん高くて、都道府県が次で、市町村がいちばん少ないというのだ。いまだに女性がゼロの町村は半数を超えている。

産休についても、国会では女議懇の存在によってすぐに実現した。地方議会では超党派ということがまずないのだという。国会ではこの女議懇の存在によって女性政策が前進している。先輩議員の話によると、市川房枝さんの存在が大きいという。無所属を貫くことによって超党派でまとまることが可能になったのだろう。

民法改正も女議懇でやってきた。改正点は二点ある。非嫡出子差別の問題はなんとか通りそうだが（田中真紀子氏は、「正式な結婚によらない子どもを同じに扱うべきでない」という理由からこれに反対）、選択的夫婦別姓の問題は「家族の絆が薄れる」とかで、例の「草の根封建オヤジ」たちが反対している。何回も議案を提出しながら廃案になっている。今回ももし七月の選挙で彼らがもっと増えてしまえば、またチャンスがなくなるということで、与党の幹事長に訴えてこようということになった。

六月一一日、呼びかけに応えて十数人の超党派の女性議員が（男性が入ることもあるという）、自民党幹事長山崎拓氏を訪ねた。このときはじめて出会ったのが松島みどりさん、畑恵さん、辻元清美さん。あとはみんなどこかで出会っている。私の参加するような議連（議員連盟）はどこも女性が半分以上だから。

このとき、何人かの女性議員が通称として旧姓を使用している不便について語った。パスポートは戸籍上の姓になるので外国に行くと大変だ、などと。

すると、山崎氏は三人の子どもがすべて女で、うち一人が別姓で結婚、もう一人は一人っ子の裁判官と結婚して夫が山崎姓を名のっている。通称として彼は旧姓を使用。だから多くの旧姓使用の女性と同じ不便を感じているという。そして、以前選択的夫婦別姓に賛成だと言ったら、自民党のなかで袋叩きにあったという。なぜ袋叩きなのかと私が質問したら、「家族の絆」論だと言う。そこで皆が口々に言った。「別姓の夫婦のほうが絆は強いんですよ。だって戸籍によって守られていないわけですから」

さらに、民法改正が通るまで、結婚を待っている人がたくさんいると言い、なんとか自民党のなかを説得してほしいと訴えて帰ってきた。

私はこの問題については、ずうっと前から関心をもっていた。少女のころから自分の苗字を変えたくないと思っていた。家族で墓参りに行くと決まって父がこう言った。「秩子《ちづこ》はこの墓に入らない」。もしかしたら「入れない」と言ったのかもしれなかった。そのたびに、弟たちが入れるお墓に私が入れないのはなぜなのだろう?と漠然と考えていた。そのころから「結婚はしない」と言っていたように思う。

だから黒岩卓夫と一緒に生活をはじめたときに、名前をどうするかなどということは考えなかった。変えないことが当たり前のように思っていた。ところがである。大学からの紹介で、京華女子高校に講師として勤めることが決まったとき、「結婚している」と伝えたらしい。職場をはじめて訪ねたときに、突然「旧姓は?」と聞かれた。「名前を変えるつもりはありません」となぜか言えなかった。私にしてはめずらしく「常識」が私を支配したらしいのだ。「これから変えます」という言葉が出てきてしまった。この一言をその後ずうっと後悔することになった。

「私は名前を変えたくなかったんだよね」と、ことあるごとに言っていた。娘たちは、まるで子守唄のごとく聞かされてきたこの言葉のためかどうかは定かではないが、三人とも名前を変える気はないらしい。次女は別姓のまま「事実婚」と称して、私が昔夫としていたように一緒に生活している。「私は名前を変えたくなかったんだよね」といつも聞かされてきた夫は、結婚三〇周年のときに言った。「これまで三〇年間黒岩でやってきたから、これからの三〇年は北大路（私の旧姓）でいくか」

「それがいい」とすぐに言えない自分がいた。仕事についてからずうっと黒岩だったのだから。著書も黒岩秩子著できている。新潟では黒岩しか通用していない。北大路はたった二〇年で、今や黒岩は四二年にもなっている。多くの男たちがまったく悩むことなく一生を終えるはずの「自分の名前」で女たちはこんなに揺れてきたのだった。

自民党のなかでもとくに頑強に反対していたのが村上正邦元参議院議員で、彼がKSD事件で逮捕され議員を辞職したとき、女たちは「今こそ」と元気を出した。そのうえ、森山真弓法務大臣は、私が出ていた参議院本会議において、質問に答えて「個人的には民法改正に賛成です」と発言している。これを自分の耳で聞いたとき、大臣の答弁としてはめずらしいことと思った。ほかの方もそう思われたのか、法務大臣が森山さんのうちに通してしまいたいと話していた。しかし抵抗勢力もまだまだ多数のようで、世論調査の結果はじめて賛成が多数を占めたとはいえ、これを通すにはやはりもっと女性議員が増えなくてはならないのだろう。

先輩女性議員に教えを乞う

私が議員になるまでは、つきあいのあった女性議員といえば、堂本暁子さんと、沖縄出身の社民党衆議院議員東門《とうもん》美津子さんと阿部知子さんぐらいだった。

東門さんとは、私の親しくしている友人たちが一生懸命に選挙活動をしていたので、私も沖縄に行って四泊五日東門さんとその友人たちと一緒に沖縄を回って以来のご縁である。そのおかげで二〇〇〇年七月、私は沖縄のみなさん一六人と一緒に「初登院」に参加した。それが私にとってのはじめての国会傍聴だった。今回私の初登院には東門さんからの花束が届いていた。そして、私が挨拶に訪れると、東門さんは抱きあって喜んでくれた。議員になってほんの一カ月で、社民党の副党首になってしまった彼女は、党務で忙しいのだろう、なかなか会うチャンスに恵まれなかった。

阿部知子さんとは、ずいぶん昔、彼女が小児科医としてつきあっていたハンディのある子どもたちと一緒に、うちの町（新潟県南魚沼《うおぬま》郡大和町《やまと》）のスキー場にきて以来のつきあいで、選挙のときには何回か応援してきている。私が挨拶に行くより先に議員会館の私の部屋にきてくれた。在外被爆者の議連などで、よく一緒になった。

民主党参議院議員の小宮山洋子さんと、円《まどか》より子さんは、以前から議会便りが送られてきていたので、議員会館で出会ったら、二人ともとても喜んでくれた。

議席を得る前、堂本さんの知事選挙にかかわっているときから議員会館に通っていたので、私にとって関心のある議連には参加していたことは前に述べた。そこに参加している議員の半分くらいは女性議員だった。私の関心というのは福祉、環境、平和、教育、女性などで、女たちには共通の問題意識だからなのだろう。

そしてこれらのキーワードには、二一世紀の世界をどうしていくのかという大きな問題がすべて詰まっているのだと思っている。男たちの価値観で突っ走ってきた二〇世紀をふりかえり、進歩発展してきたことも認めたうえで、その結果として残されてきた「つけ」をどのように処理していくのか、そのうえで、どのような世界を構築していくのかを、男たちとともに考えていくのが二一世紀の課題だと思う。

個々の問題は小さなことなのかもしれないが、しかし、その窓を通して世界全体が見通せてしまう、そんな課題が一つ一つの議連にはある。「ハンセン病」「在外被爆者」「戦時性暴力被害者に対する国家補償」「自然エネルギー」「ひきこもり」「売買春」「ラピカ（新潟県刈《かり》羽《わ》村の公共施設で、原発交付金によって建設されたが水増し請求が行われた）」「議会に産休を」「つくる会教科書（これまでの歴史を「自虐史観」と批判して、新しい教科書を作ったのだが、それらは旧植民地だったアジアの国々から大変な反発を買うものだった）」「差別撤廃（アイヌ民族や在日朝鮮人などマイノリティーに対して）」「民法改正」「介護保険に対する障害者団体」などなど。

社民党の中川智子さんは、いちばん生活感のある庶民的で親しみやすい方だと思った。国会議員にこんなタイプの方がいるというのは新鮮な発見だった。彼女の『びっくり』（現代書館）という著書をいただいて読んで、ほんとうにびっくりしてしまった。奇想天外な方である。この方はたくさんの議連に参加し、代表もいくつかしている。在外被爆者、ハンセン病、戦時性暴力被害者、自然エネルギー、私が行くところにはどこにも彼女の姿があった。ハンセン病の裁判結果が出たあと、原告団の方たちから議員として告発されたときには、顔を真っ赤にして泣いていた。よく笑い、よく泣く、感情がそのまま外に出る方だった。

同じ社民党の大渕絹子さんは私より年が若いのに、私にとってお姉さん的存在だった。同じ宿舎に住んでいて、朝はバスで出勤するので、私も長男（秘書）が迎えにこられないときにはバスで一緒になる。バスのなかは私にとっての勉強時間。先輩議員に質問して、個別授業が受けられるのだ。いちばんはじめに私の先生を務めてくれたのが大渕さんだった。

彼女は当選三回目とあって、社民党のなかでは中堅、そのうえとても誠実な人柄で、党の中枢に抜擢されている。参議院の議運こと議院運営委員会理事である。本会議中によく各党の議運が前に集まる。そんなとき、女は彼女一人だけなのだ。私がいなくなったあとの今国会では国対こと国会対策委員長とさらに重責を担っているという。

三年前の参院選では、選挙区で当選した社民党議員は彼女一人だった。一年中盆も正月もなく、三六五日辻立ちをしていたという。その話はいったいどんな内容なのかと興味をもっていたら、五月末、聞くチャンスに恵まれた。大渕さんと福島瑞穂さん（社民党現幹事長）と私の三人で、新潟県にある柏崎《かしわざき》刈羽原発にプルサーマルを導入するという件での刈羽村の住民投票に向けて、住民にプルサーマル導入反対を訴えに行こうということになった。三人が一人ずつ街頭でしゃべると、私一人ががくっと落ちる感じがする。大渕さんのはとびきり上手だ。話しはじめはふわあっとその日の天気などから入って、人の気持ちをひきつけたら、ぐっと大事なことを訴えて、最後にはきちんと説得してしまう。これぞ街頭演説という感じだった。弟子入りしたい気分だった。大渕さんは新潟県の小千谷《おぢや》市の方だ。したがって新潟選挙区選出である。

厚生労働委員会のなかで、大脇雅子さんと川橋幸子さんのところへ教えを乞いに行ったことも忘れられない。緊急雇用対策法案が出てきたときに、趣旨説明を聞いてもよくわからない。委員会の帰り道、大脇さんに質問していてそのまま大脇さんの部屋にまで行って質問の続きをさせてもらった。とても親切にわかりやすく説明してくれた。大脇さんは弁護士で、労働法の大家であるとのちに聞いた。自分のことだけでも忙しいのがよくわかっているので、その時間を割いてくれたことに心から感謝した。

次に労働問題があったときに、またしても大脇さんにお願いするのは申し訳なくて、学生時代の仲間だった民主党の今井澄《きよし》さん（参議院議員）に相談したら、川橋さんが旧労働省の出身だと紹介してくれた。お願いしたら、快く引き受けてくれ、ていねいに教えてもらうことができた。川橋さんには助けられたことがほかにもある。

「付帯決議」というのがどんな法案にも、たいていついている。野党が「条件つきで賛成」というような場合につけるのだが、ほとんどつかないことがないと言っていい。ところがこれがまたほとんど形骸化していて、つけたことによって野党は安心することができ、与党はそのために賛成してくれるのだからありがたいと思っている。

あるとき、そのことを大脇さんが皮肉って発言した。それを引用しようとした私は、大脇さんの言葉そのものを忘れてしまって、「付帯決議というのは『くっついているだけ』と大脇さんがおっしゃいましたが」と言ってしまった。そのときに川橋さんが、ものすごく楽しそうに大声で笑ってくれた。あとで聞いてみると「ほんとのこと言ってくださって、あんなに楽しいことなかったわ」と言う。嘲笑されたとばかり思っていた私は、その言葉にとても勇気づけられた。旧労働省の方だけあって、男女雇用機会均等法のことなどについてほんとうにがんばっていることが、委員会質問の様子から伝わってきた。

第3章　国会というところ

秘書三人

伊東弘泰さんが、大学を卒業しても障害者であることによってどこにも就職できなかったことから、日本アビリティーズ社という会社を創業した。この会社は福祉機器を売ったり貸したりすることを主な仕事にしている。私の長男宇洋《たかひろ》はその会社の社員だった。堂本暁子さんが千葉県知事に立候補するときから、アビリティーズ社はかかわっていた。

そんなこともあって堂本さんの選挙に宇洋がかかわり、告示日までの二週間、彼はボランティアとして堂本さんのかばん持ちになってついて歩いた。その続きで出向という形で私の第一秘書になることになった。私には願ってもないことだった。もちろん親子だという甘えもあって、はじめのうちこそ大声が飛びかって、ほかの秘書たちを驚かせたりしていた。しかし彼のことを「生まれたときから秘書だったみたい」と表現してくれた人もあったくらい、彼の働きは目覚ましかった。事務能力があることに加えて、電話の応対もなかなかなものだった。また、私の「非常識」を指摘して修正してくれるのも彼の役目だった。私は彼の判断力を頼りにしていたように思う。

「選挙には失敗も意見の対立も織りこみずみ」とか、「ボランティアの方にはただ感謝のみで、要求してはいけない。給料をもらって働いているぼくらとは違う」など、彼独特の名言もあった。堂本選挙にかかわっていたことも彼を成長させていた。また、以前働いていた住宅産業研修財団の理事長松田妙子氏からの厳しい教えも彼に幸いした。

第1秘書の長男・宇洋
(8月25日浦佐ヤナでの慰労会)

彼は私のスケジュール管理、金の出し入れ、選挙事務所とのやりとり、委員会の質問書作り、地方議員のみなさん一人ずつに選挙協力をお願いする、などなんでもこなしていた。六月一〇日の決起集会パーティー(後述)には彼の友だちが大勢きていて、彼が紹介されたときには大歓声があがった。

第二秘書には、新党さきがけの参議院議員奥

秘書の３人にはとても助けられた。
左が川久保美春さん、右が野見山康子さん。

村展三氏の秘書をしていて、奥村氏が二〇〇〇年衆議院議員の選挙に出馬、落選したことでフリーの立場でいた川久保美春さんが、敦夫さんの紹介できてくれた。美春さんの姉の孝子さんが敦夫さんの第二秘書であることも好都合ながら、美春さんの国会内の知識はなにものにも替えがたかった。彼女に聞けば、国会内のことはたいていわかるのだった。そして、何を頼んでもいやな顔をするどころか、うれしそうにすばやく動いてくれるのが気持ちよかった。選挙が忙しくなると土日の休みがないばかりか、夜も翌日になってしまうことさえあった。それでも家族に心配されながら倒れることなく、やり通してくれた。

宇洋の友だちのパートナーの野見山康子さんに第三秘書（第二までは公費が出るのだが、第三は私設秘書となる）を頼んだ。康子さんは前の年に結婚して九州から上京してきたばかりだった。

選挙をはじめるにあたって、まず私の名簿をコンピューターに打ちこむことなど事務処理をお願いした。さすがに銀行員出身だけあって、その処理能力は見事だった。ただ朝から晩までの打ちこみ作業は目に悪く、一時はもう限界かと思われるようなときもあった。美春さんの気遣いもあり、また康子さんの夫君の励ましもあってなんとか乗りきることができた。

またお花のアレンジメントなど、まさに「好きこそ物の上手なれ」で、お祝いとして届く花束を、実に見事に「料理」してしまう。大きな花束が、彼女の手にかかると、いくつもの花瓶に分けられ部屋中が花に囲まれるのだ。彼女は料理やお菓子作りなどもとっても上手で、時に作ってきてくれるクッキーやケーキは、よそでは食べられないような実においしいものだった。

三月一二日、会館事務所での私のチームはスタートした。

私は今まで長という名がつく職についたことがない。大学時代に理学部の自治委員長をやったのと中学時代バレー部の部長をしていたのだけが「長」だった。理学部のあのころの仲間に会うと、下級生に仕事を分担して自分は帰ってしまう、またはデートに行ってしまう、ということが必ず話題にのぼる。評判が悪かったのだ。それ以後、ずうっと勤め人として私には上司といわれる人がいた。その上司を観察しながら、もし自分だったらどうするかと考えたものだ。今回生まれてはじめて「上司」になってしまう。

私はその日、はじめて四人がそろったときに言った。

「私の名刺には『さしさわりがあることを言いあおう』と書いてあるの。どうか遠慮なく言いたいことがあったら言ってね」

それだけだった。口にさえ出してくれたら、解決の道は開けるだろう、という楽観主義だった。言ってもらうことを喜べる心の準備だけは、しておいたつもりだ。しかし、ほんとうに宇洋をのぞく秘書たちは言いたいことが言えたのかどうか、それはわからない。

少なくとも、よその事務所のように議員を「先生」と呼ぶことははじめからなかったし、その点でも、敦夫さんの事務所と共通していた。本会議と委員会のとき以外、バッジをつけないことも共通点だった。敦夫さんの秘書は、私から見るとずいぶん「さしさわりのあること」を言っていた。いちばん驚いたのは、国会が閉会になった六月二九日に小泉首相が控室に挨拶にくるというときだった。もうすぐ到着というときに政策秘書の田中さんが敦夫さんに言った。

「一国の総理がこられるというのに、飴をなめているということはないと思います。出してください」

敦夫さんはヘビースモーカーで、タバコのかわりに飴をなめていることがある。そのときもちょうど飴をなめていたのだった。敦夫さんは舌の下に飴を隠して、「こうすれば見えないから」と言ってはみたものの、やっぱりまずいと思ったのか三分ほどして飴を灰皿に出した。そこへ小泉首相が到着した。三〇歳の若さでそれを言える田中さんも、それをそのように受け止められる敦夫さんも立派なものだと思った。

公費で雇える政策秘書は面接をしたこともあるが、なかなかこれという人にめぐりあえず、期間が短いこともあって、とうとう雇わずじまいだった。第一秘書の宇洋が質問書を作ったりもしたが、敦夫さんの政策秘書田中さんにお世話になることも多かった。

請願署名の行方

これまでさんざん署名というものをやってきた。自分が署名するのみならず、署名用紙を持って近所回りをしたことも何回もある。嫌がられていたにちがいない。夫はいつも言っていた。「そんなもの意味がないからやめろ」

私の言い分は、「でも署名してもらうことで理解してもらえるじゃない」。つまり、署名簿そのものが威力を発揮することは、考えていないということでもある。

国会にきてみたら、実態がわかった。

私が議員になるとすぐに「紹介議員になって」という陳情がきた。それではじめて紹介議員を通してしか、署名簿が出せないという仕組みを知った。考えてみると、私は三〇年もこ魚沼《うおぬま》に住んでいる。だから署名を集めることはしたが、それをどこかに送っていただけだったのだ。国会まで届ける人になったことはなかった。紹介議員を探す、ということが実はかなり大変なのだという事実に、やっと気がついた。

ざあっと目を通してOKをしたことがあった。その人たちが帰ってからよく読んでみると、これはまずい、すべてに賛成できることではない、と気がついた。OKと言ったときに、「意外」という感じでオーバーに喜びを表現していたのが気になって、よく読み返してみたのだった。なるほど、これだな、確かに私はこれには賛成できない。あの人たちがあんな喜び方をしなければ、私はこのことに気がつかないままだっただろう。今ではそれが何だったか忘れてしまったのだが、いいかげんな気持ちでOKしたことを反省して、ていちょうにお断りしたのは覚えている。それからは慎重に引き受けることにしたのだが、それでも数回紹介議員になった。その署名簿が届けられると、それは毎日発行される「参議院広報」に載る。何々についての請願と一緒に紹介議員の名前が出る。

いったいこれはどのように処理されるのだろうかと思っていたら、議会が終わりそうになるころ、請願の一覧表が出てきた。これを理事会で検討する。各党の人数に応じた数の理事で構成され、自民党が二人、公明党、民主党、共産党が一人で、社民党以下はオブザーバーである。つまり社民党とさきがけがオブザーバーだ。といってもこの場はかなり民主的で、社民党の議員や私などにもちゃんと意見を言わせる。このときは共産党の井上美代さんと社民党の大脇雅子さんと私の三人でかなり意見を言った。署名を一生懸命集めたことがある人にとっては、署名簿にこめられている思いを大事にしてもらいたい。自民党などは、署名を集めるなんていうことをほとんどやったことがないのではと思われる。そのとき厚生労働委員会におりてきた請願は五四件あったのだが、自民党が通してもいいと言ったのはたった四件だった。全員賛成のものしか通さないというのが決まりなのだそうだ。

いちばんもめたのは、食品について生活協同組合が取り組んだ請願だった。「食品衛生法の改正及び運用の充実強化に関する請願」は、なんと一四〇〇万人もの署名が集められていた。しかも、野党のみならず、与党の議員までが紹介議員になっていた。それが理事会で、自民党の反対によって否決されたのだ。

彼らが言うことには、改正の内容を「一条に」などと条数を指定しているのがだめなのだという。「食品の表示の目的に『消費者の選択に役立つ』という趣旨を加える」「食品の安全行政に関する施策について、積極的に情報公開をすすめると共に、消費者の参画を法律のなかに明記する」など、納得のいくことばかりだ。

だが、自民党は党のなかで話し合って結論だけをもってきているので、具体的な反対意見に対して、直接質問することができないのだ。井上美代さんと大脇雅子さんと三人で、こんな短時間で決めるのはおかしい、一四〇〇万の人になんて言えばよいかわからない、とさんざん言ってみても、自民党が反対すればそれだけで請願は通らない。次回からはもっと時間をかけて議論をしようということにして、終わるしかなかった。

帰りの道々(実はこれが結構長いのだ。議員会館と委員会室の行き来では、はじめのころよく迷ったものである)、女三人で野理懇というのを作ろうということになった。野党の理事懇談会のことである。そのまま別れてしまったが、その後、野理懇は実現したのだろうか? また、この秋に出てくる請願が、どれだけ大切に審議されるのか、この目で見ることはできなくなってしまった(一一月に熊本県で開かれた女性議員サミットで出会った井上美代さんは、その後それらしきものができていると言っていた)。

紹介議員として、生協の方々に深くおわびしたことは言うまでもない。

あとになって考えてみると、この改正案が通ると困る人たちがいて、その人たちががんばったのかもしれない。まさに「抵抗勢力」があったにちがいないと思うようになった。情報公開や消費者の参画などがほんとうの反対理由なのではないか。そうは言えないからあんな言い方になったのでは。あくまでも、これは私の推測である。

生協は再度この請願に取り組んでいるという。立派である。どうなるのか見届けたい。

参議院は衆議院よりぜいたく?——議員生活ウラ話

堂本さんの千葉県知事選挙のときに、麹町にある参議員宿舎の堂本さんの部屋に寝泊りしていたことは述べた。議員宿舎は、衆参合わせて六個あるのだが、ここがそのなかでいちばん広くて、みんなが住みたがっている宿舎だと聞いた。2LDKで月五万円は確かに安い。私は引きつづきその部屋に住むことを希望した。宿舎の職員や、無所属の会(堂本さんが所属していた会派)のみなさんの協力によって私の希望が実現した。堂本さんの布団や食器などもそのまま使えることになった。

衆議院にくらべて、参議院は人数がほぼ半分だというのに、宿舎などの予算が同じだけあるとのことで、そのために宿舎は全体として衆議院よりも参議院のほうがデラックスなのだという。そのことを確かめるには衆議員宿舎に行ってみることがいちばんなのだが、それができなかったのは残念だった。

でもきっとそうなのだろうと思えるのは、本会議場がまったく同じ大きさになっているからだ。つまり、参議院は二五二人（当時）だというのに、四八〇人の衆議院と同じ広さで、同じ数の席がある。だから、参議院は真ん中にだけ人が座っていて、周りは空いているのだ。もしかしたら、この建物が建ったころは、参議院が貴族院だったことによるのかもしれない。本会議場がまったく同じ大きさだそうだが、違いは、参議院のほうにだけ、天皇の席があるのだ。私がいるときには、その席は使われなかったが。


朝はいつも六時ごろめざめて、体操をしてから朝食を作る。パンと野菜炒め程度の簡単なものだ。時には宿舎のなかの食堂で、五〇〇円なりの定食を食べる。品数も多くおいしいし、ボリュームもある。八時半ごろ秘書の宇洋が迎えにきて、車のなかで打ち合わせなどしながら五分くらいで議員会館につく。迎えがこないときには八時四〇分発のバスに乗る。このバスに乗る人はほぼ決まっている。自民党の人はほとんど乗らない。

月、水、金は本会議の日で、「定刻」というと一〇時にはじまる。その前に会派の控え室で、その日に採決する法案の賛否を決める。法案がたくさんあるときには昼休みをとって再開する。火、木は委員会の日で、その前に理事会がある。九時五〇分きっかりにはじまる。

遅れる人がいないのがすごい。一分待たせてしまったことがあって、それ以来絶対に遅れないようにゆとりをもって行くことにした。

誰かが「モグラになってしまう」と表現していたが、議員会館と議事堂は地下道でつながっているので、とてもわかりにくいし、行きつくまで、時間がかかるのだ。

委員会は各省庁に対応する常任委員会（一種）が一二あるほか、常任委員会（二種）として予算、決算の各委員会があり、そのほかに特別委員会や特定分野ごとの調査会、憲法調査会がある。どの委員会に所属するかは、希望を出すのだが、敦夫さんは最初、第七希望の法務委員になったそうだ。大きな会派から人数を決めてとっていく仕組みだという。

私の場合には、堂本さんの辞職で、厚生労働委員会が空いていたために希望がかない、とってもラッキーだったのだ。原則として、会派に属している人は、一種と二種の常任委員会それぞれと、特別委員会・調査会のいずれかに一つ、合計三つに所属できる。テレビの国会中継は、本会議か、予算委員会、党首討論（国家基本政策委員会）がほとんどなので、小会派に属する人はほとんど出番がない。

昼食は議員食堂、職員食堂のほかにそば屋、軽食喫茶などがある。どこもボリュームがあることに驚いた。町の食堂の一・五倍くらいの量だ。議員たちは大食なのだろう。実は私も大食で、中学のころにはご飯を七杯も食べて、母に「胃拡張になる」と心配されていた。しかしこの大食がエネルギーの源なのかもしれない、と思ったりする。

夕方も五時一五分にバスが出るのだが、これには乗ったことがない。そんなに早く宿舎にもどれることはなかった。宇洋と一緒に帰って彼が夕食を作ってくれることもあった。「電話かけしてていいよ」と言いながら。彼の料理の腕はわが家でいちばん。なにしろ私が長年漬けつづけているぬかみそ（高校時代に友人たちと「ぬかみそくさい母親にはなりたくない」と言いあっていたころから、ずいぶん遠くまで歩いてきたとかみしめている。冷蔵庫のなかに保管しておけば、毎日かき回す必要がなく、ちっとも手がかからない）を自分のものにしたのは彼一人だ。選挙戦が厳しくなってからは、それどころではなくなり外食、はてはコンビニということにまでなっていった。

国会の職員の仕事で、驚いたことがある。本会議に出たばかりのころ、予算案の採決のため、私は反対の白票を持って壇上に上った。それを箱のなかに入れようとしたときに拍手が起こった。なぜなのだろうと不思議に思った私は、席にもどってから隣の席の西川きよしさんに聞いた。すると意外な答えが返ってきた。「野党席にいるぼくが青票を入れたから自民党が拍手したんですよ」。そんなことだったのか。そして彼がこう言った。「この札を家の者に見せたくて持って帰ったら、翌日職員から注意されました」

この青票、白票の札は、各自のテーブルの上が四角く削りとられていて、その箱のようなところに青、白それぞれ十数枚ずつ並んでいるのだ。そして一枚一枚に議員の名前が彫りこんである。それを持って帰ったことが職員にわかるのはなぜなのか？　毎日全部数えている？　とすれば大変なことだ。

参議院での投票はいつもは押しボタンで、誰がどう投票したのかは、あとで配られる報告によってしかわからない。さっと採決結果が出るというメリットはあるのだが、少しさびしい気もする。予算などの重要なものだけは札を入れる方法をとるのだった。

それにしても私の名前を彫りこんだあの札たちは今どうなっているのだろうか？

国会議員のお給料

国会議員の収入と支出には、多くの人が興味をもっているにちがいない。

七月の参議院選挙後に行われたＷＩＮＷＩＮ（アメリカのエミリーズプランという組織をモデルにした、女性議員を増やすことを目的にした政治資金団体）のシンポジウムで、田嶋陽子さんは「国会議員になって収入が減った」と言っていたが、私はそれを聞いて、なんだか裏悲しい思いになってしまった。彼女にとって収入が減ったのはほんとうなのかもしれない。しかし、一三七万五〇〇〇円という歳費のほかに、一〇〇万円の文書通信交通滞在費、そして一人当たり六五万円の立法事務費が会派に出る（すべて月額）という現状が少ないと言えるのだろうか？　交通費がほとんどただで（帰省に飛行機を使う人は航空代が月三回分ただになり、私のようにＪＲを使う人はＪＲがただになるというように、交通費については選択させられる）、電話代も都内はただだ。私は五カ月いて、もし選挙に出なければ、かなり残っていたと思う。実際そのようにして残ったお金ですばらしいことに取り組んでおられる方もあり、このことは後に紹介する。

問題は「選挙に出なければ」という条件がつくことだ。私のようにほとんどボランティアによる「金のかからない選挙」だといっても、印刷代や、街宣車、事務所経費など、必要経費はかかるのだ。私はかろうじて供託金没収を免れた。そのおかげで、選挙期間中の看板やポスター・チラシ・はがき印刷などの代金を公費で出してもらうことができた。供託金は三〇〇万円だが、もしこれが没収されれば、この公費負担がなくなるので、合計すると八〇〇万円ぐらいが「ある線以上」の票がとれるかとれないかで、違ってきてしまうというわけだ（供託金とは、町村議会をのぞく選挙において、ある金額を選挙管理委員会に納めるお金のことで、ある数以上の得票のあった人には返すシステムになっている。このシステムによって立候補者の乱立を防ぐということか？）。

それでも、選挙期間に入る前から、私という人間を知っていただかなくてはならないので、政治活動の一環として全国のみなさんにリーフレットや紹介者はがきなどを送ったりしていた。投票依頼さえしなければ、そのような行為は合法だという。これらの印刷代や通信費は公費負担ではない。だから、選挙に出るということは、それだけでかなりお金がかかることだと言える。その費用まで歳費で、と考えたら、歳費はいくらあっても足りないという人がいるにちがいないと思う。もちろんそれでも、私のような選挙をするなら、そして私のように無所属なら、今のままで十分だと言いたい。

政党に属している人はかなり政党に上納するという。当然そのことにより情報量などの面でメリットをともなっているはずだ。

支出は、といえば、まずは議員の生活費、私設秘書の人件費、調査に行く交通費（ＪＲパスの人は航空代、飛行機パスの人はＪＲ代）、地元の事務所費、国会報告の作成および発送などが主なものだ。

少なくとも私はその支出に対して歳費そのほかの収入が少なすぎるということは言う気にはならない。

自分の歳費から「女性連帯基金」を立ち上げた元参議院議員を紹介しよう。一二年間参議院議員をして六年前に辞めた中西珠子さんである。

つい先日そこの会報から原稿依頼があり書かせていただいたのだが、そのときにもらった案内文を見て不思議に思ったことがあって、電話で質問した。というのは「特定の政党や候補者の応援はしません」と書いてあったからなのだ。どういう意味なのだろう?

すると、中西珠子さん自身が電話口に出て、答えてくれた。

自分の一二年間の歳費は国民の税金からいただいたものなので、できるだけ社会に還元したい、ことに女性が議会に出られるようにするために使いたいということで、「女性連帯基金」という団体を作り、はじめはアメリカのNPO法人として登記した。日本にもNPO法人法ができたので、その認可をとったら、「政治活動はしない」という約束をさせられたというのだ。そういえば、三年ぐらい前に堂本さんたちが「NPO法人法」を作るのに熱心に活動していて、最後になって「政治活動の禁止」の削除、そして「税制優遇措置」が通らなかったと言って悔しがっていたことを思い出した。それで仕方なく堂本さんのときも私のときも、表立った選挙活動はできなかったというのだ。

もっと詳しくうかがいたくて、九月末に春日町(東京都文京区)の事務所を訪ねた。私のたたみかけるような質問に中西さんはていねいに答えてくれた。個別の運動をしないで、どうやって運動していくのかと思ったら、ここで出しているニュースレターがなかなかなものだった。男女共同参画条例を各都道府県、市区町村で作る過程などが丹念に書かれていて、とても参考になる。これらの記事はたいてい、女性連帯基金が開く講座で話されたことをもとにして書かれている。地方議員になろうとする人にとって参考になるし、この記事を通して横のつながりもできるし、女性の議員を増やすことにものすごく貢献していることがわかった。

以前、国連のＩＬＯ（国際労働機関）で働いていた中西さんの国会活動のお話は、とっても刺激的なものだった。公明党が「党議拘束はかけない」という条件で、中西さんを口説き落としたそうで、だから会派は公明党・国民会議というところに所属していたけど、とても自由に自分のやりたいこと（たくさんの立法活動）をやって、一二年間の国会活動を閉めたのだそうだ。なんと六四歳から七六歳まで議員として活躍し、今は八二歳とのことだが、とてもそんな年には見えない若々しい方だった。

第4章　障害者・登校拒否・ハンセン病
――これまでの活動を国会で展開する

市民グループに見守られて――障害者の欠格条項撤廃へ

障害者、なかでもとくに身体障害者の資格取得に関して、障害があればそれだけで資格がとれないという「欠格条項」について、障害者たちが長年要求してきた「撤廃」がようやく取り上げられることになった。それはそれ自体として喜ばしいことである。

ところがよく内容を検討してみると、絶対的欠格条項を相対的欠格条項に変えるという。医師法に関して言うなら、欠格条項として今までは「目が見えない者、耳が聞こえない者または口がきけない者」とあったのを、「心身の障害により医師の業務を適正に行うことができない者として厚生労働省令で定めるもの」と変えるという。しかし、法律は国民の代表である議員がそれにかかわることができるのだが、省令は官僚が勝手に運用することができてしまう。つまり、それだけ格が低いということだ。

そこで私は質問した。なぜなのか、と。それに対して、坂口大臣はこのように答弁した。

「法律である以上、重要な点は省令あるいは政令ではなくて、法律に書かなくてはならないという大変基本的な大事な点をご指摘になった。感銘しながら心して私たちもかからなければならない問題だという自覚をもって聞かせていただいた」

私はこのとき、障害者の雇用について、ひどい実態の典型的なケースを紹介した。それは水戸事件という知的障害者虐待事件だ。TBSのテレビドラマ「聖者の行進」のモデルとして知られている。障害者雇用促進法による助成金（障害者を雇った企業に出される）目当てに障害者を雇っている企業がある。この助成金が一年半で切れる。そこでそれが切れる前に辞めてもらって、新しい人を雇わなくては助成金がもらえない。これが暴力のはじまりとなり、レイプにまでいたった。このような実態を家族の何人かはうすうす気づいていながら放置していた。障害者たちの何人かが習っていたダンスの先生が、これを告発して事件化したのが一九九五年のことである。四年間にわたる裁判で、加害者の社長は執行猶予《ゆうよ》つきで出てきてしまった。それに抗議した人たちが、車に乗って裁判所から出てきた加害者に対する監禁暴行罪でつかまって実刑判決を受けている。

刑事裁判ではそのようなことになってしまったので、今は民事裁判に訴えている。おそらく日本ではじめての「原告が知的障害者」であり、原告の本人尋問が裁判の決め手となるという裁判になる。知的障害者の証言能力をめぐって原告と被告の代理人（弁護人のこと）が争っている。被告の代理人は原告の言っていることは信頼に値しないと言い、それに対して原告の代理人は、外国に調査に行ったり、専門家を参考人（証人）として呼んだりしながら、どのような条件があれば、知的障害者が安心して意見を述べられるかということを探っている（滋賀県でも同じような虐待事件があり、サングループ裁判として同時進行している。両裁判は関係者どうし、交流しあっている。詳しくは「支える会・全国事務局」TEL〇三―三四三八―一一三五　http://www.iris.dti.ne.jp/~globe/）。

これまで、日本では知的障害者や精神障害者のことを、「ばかだから」とか「頭が狂っているから」という言い方でその言い分に耳を傾けることをしてこなかった。被害を受けた障害者が訴えても、警察はそのような言い方でその訴えを取り合わないできた。今やっと彼らの訴えに耳を傾けようという空気が生じてきているように思われる。知的障害児の親たちの手によって『知的障害のある人を理解するために』（全日本手をつなぐ育成会編）という警察向けのハンドブックもでき、波紋を広げている。

水戸事件の裁判を何回か傍聴に行った。裁判官が何回か変わったのだが、今の裁判官は大変意欲的で、「何も知らないので、必要なものはなんでも勉強しますから教えてください」とまで言える人だ。そのなりゆきに注目したい。

そもそも、なぜこのような事件を家族が放置してきたのか。それは、障害者にとっての就職があまりに厳しいので、暴力をふるわれようと置いてくれるだけでいいという家庭もあるのが現実なのだ。

そのような状況を変えるにはどうすればいいのか。これは、小手先の問題では解決しないだろう。障害者が就職すると、一緒に働いている身近な人たちがなんらかの手助けをしなくてはならない場合が多い。ところが、今までのように障害児が養護学校などの特別な学校に隔離されていれば、多くの人たちは障害者とどうつきあったらいいのかわからないのが現状だ。私は、一九年間の保育所での保母生活で、子どもが小さければ小さいほど障害児と自然なつきあいができるということを体験している。そのことを委員会で提案した。

坂口大臣が、

「今まで障害のあるお子さんを特別な学校へ入れてというようなことが一時行われておりましたけれども」

と発言したとき、私は口をはさんだ。

「今もです」

すると、

「今もですか。しかし最近はかなり一般の学校のなかで同じに勉強をさせようという動きが強くなってきております。そうした動きがこれからだんだんに大きくなってくるのではないかというふうに思いますし、学校も社会もそうした状況になってほんとうのノーマライゼーションという考え方が理解されるのではないかというふうに思います」

これについては、私は?をつけておきたい。少なくとも知的障害者、精神障害者についてはノーマライゼーションが進展しているという実感がない。

この委員会でも紹介したのだが、社会福祉協議会に嘱託として勤めていた若い女性が、過労で倒れ、職場に出した診断書が精神病院の封筒だったということなどで、すぐ翌日父親が呼び出され、正職員採用の内示が取り消された。そしてとうとう亡くなってしまったという痛ましい事件があったばかりである。精神病院というだけで、これだけの仕打ちがあるということで、精神病院の門はくぐりたくないという人々の感情も理解できるというものだ。だから、新潟県長岡市にある精神病院は、もう一つ総合病院を作ってそこに「神経内科」を置き、誰もが入りやすいようにしたのだった。このような努力をしてこられた田宮病院院長田宮崇さんに敬意を表したい。

保育所や小中学校で、さまざまな障害のある子どもたちと日々の暮らしを共にした体験をもった人が増えてくるのを待つしかないのか、と考えてしまう。しかしそれがいちばん早道だという気もする。子どもたちのやわらかい感性で「障害児」という一般的な概念から、「目の見えないAちゃん」というように、個別的な友だちづきあいができるようになることがいちばん必要とされているのではないだろうか。

最後に私は、この欠格条項の撤廃に向けて生活をかけて取り組んできた障害者をふくめた市民グループにとって、省令に委任されてしまったのがとても悔しいことであり、ほんとうに撤廃するところまで、私もふくめて努力していきたいということを述べて、発言を終えた。

この様子を参議院のホームページで見てくれていた市民グループの方から、自分たちの言いたいことをしっかり代弁してくれてうれしかったと言われ、これこそが議員の役目なのだと改めて思った。と同時に、厚生労働委員会はあの部屋のなかで行われているだけでなく、しっかりと外の人たちが見守ってくれているということを実感することができた。

この法案審議は四月五日。議員になってまだ一カ月もたっていなかった。絶対的欠格条項とか相対的欠格条項とか、混乱してきて審議についていけない場面すらあったのだが、市民グループのみなさんとつながれていたことによって、なんとか乗りきることができたという感じだった。

一人で首相官邸にのりこむ!――ハンセン病裁判

五月一一日、熊本地裁で画期的な判決が下された。ここまで放置してきたのは国会の立法不作為である、とまで述べた原告側の完全勝訴である。国の隔離政策である「らい予防法」は違憲であり、国家は原告に賠償すべしというものである。

私はこの問題についてはかなり前から関心をもっていたので、議員になるとすぐにハンセン病問題の議員懇談会に加わった。学生運動仲間だった民主党の江田五月さん(衆議院議員)が会長を務めていた。

私がこの問題にかかわるようになったのは、次女海映《みはえ》が学生時代にＦＩＷＣというボランティアグループに属していて、韓国のハンセン病患者の定着村《ていちゃくそん》(隔離施設から出た元患者らが政府の援助を受けて作ったもの)に行き、道路や橋を作る力仕事をしてきたことがきっかけだった。そのころ私が発行していたミニコミ紙「大地」に、彼女がそのレポートを連載していた。海映の影響で次男の巌志《がんじ》、四男の揺光《ようこう》も韓国のそれらの村に行っている。

また海映は、国内でも瀬戸内海の長島にある国立ハンセン病療養所・愛生園に三女帆姿《ほし》や私をつれていったりしていた。そこで、私ははじめてハンセン病の方と対面した。一九九四年のことである。伝染しないことがわかっていながら、長期間隔離してきたことのひどさを十分に実感することができた。本土からたった三〇メートルしか離れていないのに、本土の側の人々が感染を恐れて、そこに橋をかけさせない時期が必要以上に長く続いた。私もふくめた健常者といわれる人間の残酷さを見せられた思いだった。

愛生園でいちばん親しくなったアキヤンこと秋山栄吉さんとは、その後ずうっと手紙や電話で交流してきた。ハンセン病に関するテレビ番組があるとか、菅直人厚生大臣（当時）が長島にくるとか電話で知らせてくれる。時には瀬戸内海のカキが送られてくることもあった。

そんな関係もあって、熊本判決にはわがことのように喜んだのだが、政府は控訴するという。国家賠償を求めた訴訟で、国が負けた場合に控訴しなかった例はないとも聞かされた。しかしここで控訴したら、今の原告団は高齢で、当然何人かの方は判決を待たずに亡くなってしまうだろう。彼らはすでに何十年もの戦いの歴史を積み重ねている。国家として賠償するのは当然のこと。なんとかして控訴を断念してもらいたい。

私はまず、坂口厚生労働大臣室に電話をした。厚生労働委員会で毎回出会っているので、大臣の人柄はある程度わかっていた。大臣の気持ちとしては、控訴したくないにちがいない。それは、大臣の職業が医者であるから、ハンセン病に対する医療側の責任について精通しているはず、という思いもあった。あとでわかったことによれば、坂口大臣は辞表を用意していたとのことである。

五月一四日は「ハンセン病問題の最終解決を進める国会議員懇談会」の第二回総会が開かれた。そこには控訴をやめてほしいと国会に押し寄せている原告団のみなさんもたくさんきて、大勢のマスコミに囲まれて総会は進行した。

原告団の方の話は、そこにいるすべての人の胸をついた。一二歳で親元を離され、長島愛生園につれてこられ、まず全身裸にされてクレゾールの風呂に入れられた。親に会いたくて三〇メートルの海を泳いで血だらけになって渡り、自宅を目指したが、すぐにつかまって「監禁室」に入れられたという。その後の原告団長の話にはそこここですすり泣きが聞こえた。

「今日はわれわれは議員会館を一軒一軒訪ねてお願いをしてきた。なぜわれわれが頭を下げなくてはいけないのか。加害者が謝りにくるべきところなのに」

議員一同、うつむくしかなかった。

原告団からの告発を受けて、胸のなかで自分のやるべきことを考えたのは私だけではなかったはずだ。早速その日から行動が開始された。原告団とともに首相官邸に押しかけた議員もたくさんいた。私は厚生労働省の職員を呼んで、控訴するとしたらどんな論拠があるのかを聞いた。曰く、「昭和五〇年代にはすでに隔離政策は緩んでいて自由に出入りできるようになっていた」

調べてみると、そんな言い分はとんでもないことがわかった。昭和五〇年代とは一九七五年から一九八四年までのことだ。長島に橋がかかったのは一九八八年のことである。そのことがわかると、厚生労働省の言うことをうのみにしてはいけないと実感した。そこで、さきがけ環境会議としての要請書を作った。内閣総理大臣、法務大臣、厚生労働大臣、内閣官房長官にあてて控訴断念を要請するものである。これを私は敦夫さんの政策秘書田中信一郎さんと二人で官邸に持っていった。官邸内は、あわただしく動いていたときだったので、宛名に書いた方には会えずじまいだったが、秘書に渡してきた。

その日は、首相が原告団と会うかどうかと言われていた日だった。野党共闘は、銀座マリオン前で市民に訴えるというので、私も仲間に入ろうと雨のなかを銀座に出向いた。行ってみて驚いたのは、各党の党首による演説会なのだ。少々気後れもしたのだが、意を決して街宣車に上り、司会をしていた金田誠一さん（衆議院厚生労働委員）に、さきがけ環境会議として訴えたい旨を話すと、快く了解してくれた。金田さんも新党さきがけのころ一緒だったのだ。

演者はどの党もそうそうたるメンバーだった。志位和夫さん、藤井裕久さん、渕上貞雄さん、江田五月さんが次々にマイクを持った。マスコミも聴衆の周りを取り囲んでいた。議員たちも何人かきていて、自分の党の幹部の演説に拍手を送ることで、自分の意思を表明して

各党の党首に交じり、演説をする。ハンセン病裁判の判決後、国の控訴がとりざたされるなか、控訴断念を訴える。

いた。さすがに党の幹部たちは聴衆をひきつけていた。原告団の方も、沖縄からこられた女性がはじめて大勢の前で話すといって緊張していたが、国民的関心が盛り上がっているなかでの当事者の話には、聴衆はひきこまれていた。その後、私がマイクを持つや、まずマスコミがいなくなり、聞いていた人も一人ずついなくなっていき、いかに私の話が力をもっていないか、まざまざと見せつけられる思いだった。

しかし、この日の私の行動を敦夫さんは高く評価してくれ、その後の選挙戦で、「この人は単身で官邸にのりこみ、党首に交じって演説する人なんですよ」と紹介していた。

私の演説が終わった直後、菅直人さんもきて話したそうだが、そのあと小泉首相の「控訴断念」が発表された。これは国民の間で大変な支持を受け、日本の政治も捨てたものではないという希望さえささやかれる事態をもたらした。

私は、今まで遠くから吠えていたにすぎなかったのが、至近距離で吠えられるようになったことがうれしかった。

翌二四日は参議院の厚生労働委員会だった。その席で、与党も野党もそろって小泉首相をほめたたえた。だが、私はそうする気にはなれなかった。あの原告団をはじめとするたくさんのハンセン病患者たちの、これまでの血のにじむような努力がやっと実ったにすぎない。私は次のように発言した。

「私が心を痛めてまいりましたのは、メイヨをかけて戦ってこられた原告に対して、役所のかけたものはちっぽけなメンツにすぎなかったのではないかということです。今回このような結論が出てきたのは、なんと言っても原告のみなさんの勇気ある決断、その決断が世論を動かし、また私ども国会議員を動かし、さらには国をも動かしてきた、その成果だと考えております」

実際、一九五三年に「らい予防法」が新しくなるとき、全国の患者さんたちが苦しい生活にもかかわらず国会に押しかけて、今と同じ論を議員たちに訴えてきたのだ。それを聞き入れずにきたことが、今を生み出している。彼らの長年の努力を知れば知るほど、控訴断念は当然のこととしか思えない。

その後、厚生労働委員会は、患者、元患者の代表にきていただいて参考人質疑を行った。このときの当事者のみなさんの証言は、いつもは眠っているような委員をも背筋を伸ばして聞かせてしまう力をもち、かつわれわれ女性にとっては体中が痛んでくるような内容だった。すでに伝染力がほとんどないこと、罹患《りかん》しても薬で治ることが確実になってからも、断種は続けられた。結婚をするには、断種の手術が義務づけられていた。妊娠が見つかれば、即中絶。妊娠を隠しとおしてようやく出産にこぎつけても、生まれてきた赤ちゃんを妊婦の前でガーゼをかけて殺してしまったという。身が凍る思いでそれらの証言を聞いた。

その後の集中審議において、私は国立ハンセン病療養所・多摩全生園《ぜんしょうえん》で受けた衝撃を語った。

前述のアキヤンに案内してもらって訪ねた多摩全生園は、以前私が住んでいたことがある久米川《くめがわ》団地の近くだった。三〇年前に三年ほど住んでいたのに、同じ久米川駅を利用していながら、その存在に気づかなかったということを考えてみた。私は当時、高校の教員をしていた。当時は高校というところには障害者がいなかった。その後保母になって、ようやく私の視界に障害者が入ってきたのだった。そうなると、周りの人も障害者に関する情報を提供してくれる。当時の私にはこの多摩全生園の存在を気づかせてくれる情報網はなかったということだ。

多摩全生園で私がいちばん驚いたのは、お墓という存在がないということだった。ところが、そこに住んでいる人に、そのことをどう考えるかと尋ねてみたら、さらに驚いた。

「私たちにはお墓を守ってくれる人がありませんから」

そうなのだ。断種とはそういうことなのか。私は自分の想像力の欠如を恥じた。亡くなった方の遺骨を粉にして木の根本にばらまいていたのを集めて納めたという納骨堂は、そのすぐ隣にある動物たちのそれとくらべられる程度の存在だった。そこには三〇〇〇の遺骨が祭られているという。そのあまりの小ささに私は絶滅政策の証を見る思いだった。

その後、国会はハンセン病補償法を成立させた。この補償法は衆議院で先に通過して、参議院に回ってきた。衆議院では川田悦子さんが一人だけ反対したというので、なぜなのか電話して聞いてみた。反対理由を三点ほど挙げたので、私は聞いてみた。

「それら三点について、委員会で質問したら、なんて答えられましたか?」

その返事に愕然《がくぜん》とした。

「私は質問することができないんですよ。去年の一〇月からまだ一度しか質問してないんです。無所属だと質問時間が一分しかないんですよ。一回した質問は民主党の時間を分けてもらったのです」

ちなみに、川田さんは補欠選挙で当選してきて、まだ半年そこそこだったのだ。この発言を聞いて、衆議院と参議院の違いを目の当たりにした。参議院は、小さな会派は本会議での質問こそできないが、委員会では毎回最低一五分(往復)の質問時間をもらうことができた。参議院はチェック機能といわれるゆえんなのだろう。また、それだからこそ参議院はすべて無所属にすべしとの議論もある。しかし、全国区が比例区になったときに、参議院議員も政党に属すべしということになってしまったようだ。だが、私のように、現場だけでひたすら働いていたというような者が議員になる道は、比例区、そして拘束名簿という制度しかありえないとも思う(拘束名簿については後述する)。選挙制度もふくめて、参議院のあり方を問うていかなくてはならないだろう。

川田さんは、その後自分の持ち時間をためておいて、合計三回の質問をしたそうだ。それが八カ月の委員会活動ということになる。四カ月間（議員の任期は七月二二日までだが、国会は六月二九日に閉会したため委員会活動は四カ月。といっても政権交代で一カ月半空転したので、実質は二カ月）で一四回質問できた私のそれと比較してみると、大変な違いである。

法を守れ！――在外被爆者のこと

私がはじめて就職した京華女子高校での数学科教員の先輩、銀林美恵子さんは広島女子高等師範の学生時代に被爆している。その銀林さんからよく文書が送られてきていたので、在韓被爆者の問題はずいぶん前から知っていた。まだ私が堂本事務所で堂本選挙をしているときに、銀林さんから在韓被爆者問題の集会の案内が届けられた。三月三日の集会には親戚の不幸があったために出席できなかったのだが。

被爆者手帳を持っている人が日本から出たとたんに、被爆者という資格が失われる。法律にはそうは書いていていない。ただ旧厚生省局長通達のみを根拠として、資格を取り上げているのだ。そこでそれに不満をもつ方々が裁判に訴えていて、近いうちに判決が下りるという。

四月にはこのことをめぐる議員懇談会（代表、金子哲夫社民党衆議院議員）が結成された。この日のために韓国から二人の被爆者の女性がきた。私が銀林さんの友だちだということから、韓国からの二人の手荷物置き場として議員会館の私の部屋を利用してもらった。会館の食堂で昼食を一緒にしたこともあった。二人とも広島に住んでいただけに日本語が上手で、会話には不自由がなかった。議連の発足の日、二人はそれぞれこれまで生きてきた経過を語り、それは背後にいる同じような境遇のみなさんの生活を想像することができうる内容であった。衆議院議員の金田誠一さんが大臣室へ二人を案内して、桝屋《ますや》敬悟副大臣との面会が実現した（この桝屋副大臣は、厚生労働委員会で知的障害者の就職問題が議論されているときに、自らを「床屋の息子」と名のり、小さいころ知的障害者が何人も自分の家で働いていたことを話したことがあった）。

裁判に訴えている郭貴勲《カクキフン》さんの六月一日の判決が迫ってきた五月末、韓国から郭さんを迎えて第二回の議連が開かれた。このときは、かなりの数の議員が参加した。といってもハンセン病の議連とくらべたら半分くらいかもしれない。このときまでに、議会対策としては、社民党の中川智子さんが衆議院の厚生労働委員会で質問をしたことがあるだけと聞いていた。

六月一日、大阪地裁は原告全面勝訴の判決を下した。ところが国は控訴するという。議連はにわかに活動を活発化させた。市民運動として、このことに体を張って取り組んできた大阪の市場淳子さんは、大阪から韓国、東京と忙しく飛び回ってきていた。金子哲夫さんも衆議院の厚生労働委員会で発言し、私も六月七日と一四日、二回にわたって発言した。法案審議と関係なくても、緊急を要することであれば、何を言ってもいいのが委員会だ。いや、緊急を要さなくても、少しだけ法案に触れれば、あとは何を言ってもいいと先輩議員がはじめに教えてくれた。

「いわゆる被爆者援護法には、国籍条項もなく、居住条件もなく、死亡したとき以外の失権規定もありません。にもかかわらず厚生労働省は局長通達を楯に、在外被爆者に法の適用を拒みつづけてきました。このことに対して、大阪地裁は『法を守れ』と言ったにすぎないと考えております。役所としてのメンツにこだわって控訴するような恥ずかしいことはどうかしないでほしいと訴えたい」

と一回目に発言した。このとき、銀林さんが傍聴席で聞いていた。のちに彼女はこんな文章を書いてくれた。

「委員会の直前には厚生労働省の役人が議員会館の彼女の部屋まできて、厚生労働省の立場からのレクチャーを押しつけようとするのを撥《は》ね除け、委員会では堂々と理を尽くして説得する秩子《ちづこ》さんの態度は立派でした。傍聴していてうれしくなったり感心したりしながら、議員という仕事は秩子さんにいちばん向いているのではないかと思いました」

その後の委員会の理事会で、私はこのことについての集中審議を提案した。すると自民党の亀谷《かめや》博昭議員は「外国人のことだから」とあとを濁して、反対の意思表示をした。

前述のように、理事会には私はオブザーバーとして参加しているのだが、ふだんは自由に意見が言え、委員長も常に意見を聞いてくれていた。もし緊迫した法案審議があったら、もっとあからさまに少数会派としての悲哀を感じたのかもしれないが、今回はそういう場合には出あわせなかった。しかし結局、このことについては一〇人くらいのメンバーの誰一人、私に賛成する人がなく、集中審議の提案はほうむり去られた。

このときに、在韓被爆者の問題はかなり大変なのだということを実感した。ここに、あからさまな差別意識を感じてしまった。それはおそらく旧植民地時代の差別意識なのだろう。相手がアメリカ人だったらきっと違う対応になると思われる。

原告の郭さんや支援者たちは厚生労働省の前で座りこんだ。私も支援に出かけた。一〇人足らずの議員がきていた。高齢の被爆者と思われる方たちが数十人で座りこんでいる。しかしその姿は巨大な厚生労働省の建物に比してあまりにも小さく見えてしまった。その小ささで、この巨大な怪物と戦うのは至難の業だということを見せつけられる思いがした。

控訴の期限の前日、ぎりぎりのところで委員会があった。私は二回目の質問をした。その日の朝の新聞は「控訴するという結論が出た」と書かれていた。私の質問に答えて、大臣は、「郭さんが日本から出ていくときに大阪府は、出ていったら被爆者の資格がなくなりますよ、と言ったのに出ていったのだ」

と言う。それに対して私は言った。

「大阪府が言った根拠は局長通達であって、それは法律より下にあるもの。だから法律のとおりにせよというのが今回の大阪地裁判決だ」

これについて抗議した者は私以外にいなかった。これは決定的なことだった。新聞に書かれたとおり、国は控訴を決めてしまった。大阪地裁判決がとてもすばらしいものだっただけに、控訴という形で長引かされること自体が許せない思いがした。多くの被爆者の方々は、もう十分に高齢なのだから。

一二月二六日、長崎地裁でも大阪地裁と同様の判決が出た。「日本に居住していなくても、被爆者健康手帳が無効になることはない」との判決に、私はますます意を強くし、今度こそ控訴しないでほしいと再度訴えたい。

手応えのある大臣の答弁を引き出す――無年金障害者に関して

年金関係の法案審議が続いたので、ぜひ無年金障害者の問題を取り上げたいと思っていた。四月一日のパーティー参加者の遁所《とんどころ》直樹さんに質問書を書いてとお願いした。そして同時に、厚生労働委員会の調査室に関係する資料を集めることをお願いした。

この調査室というのは、実にありがたい存在である。何についても必要な資料をすばやく部屋まで届けてくれる。ここの職員にどれだけ助けてもらったかわからない。このときも関係の議事録や新聞記事などのほか、無年金障害者のホームページに載っていた、三八人の無年金障害者の方々のプロフィールまでそろっていた。この三八人というのはここ数年間、審査請求を戦ってきたメンバーである。そのなかの一人が遁所直樹さんなのだ。

そもそもなぜこのような無年金障害者が生まれたのか。

一九九一年に学生でも年金に強制加入するという制度ができたのだが、それ以前、加入していなかった学生（主婦や外国人も）が、けがや病気によって障害者になった場合、障害年金がもらえないという事態になっている。任意加入制度があったとはいえ、そのことを知らない学生が多かったうえに、市町村の窓口で「入らなくていい」と言われたことまであって、結果的に加入者は二パーセントに満たなかった時代のことである。全国で一〇万人いるといわれている。無収入で（生活保護の場合もある）、家族の献身的な介助によってなんとか生活しているというのが多くの場合である。

遁所さんは質問書のなかで書いていた。「博士課程の一年に進み、研究者として生きていく方向性が見えていた時期に怪我をしました。一九八七年、海で首の骨を折り、頸髄四番五番を損傷しました」。以来、父親の全面介助で生活をしている。

このことについて、私は厚生労働委員会で、年金局と援護局障害保健福祉部に質問をした。これには従来どおり、どちらも自分のところには道はないという答えが返ってきた。そこで、「一九九四年の国会において衆参両院の付帯決議において、『速やかに解決する』とありながら、七年間もこのままであるというのは、まさに立法不作為ではないかと思います。大臣、これについてどのようにお考えですか？」

と聞いた。そのとき、坂口大臣は、

「今、局長から、いろいろ局長は局長の立場で難しい答弁がございましたけれども、しかし、検討します、このことを。お約束します」

と言って両手を机について、深々と頭を下げたのだった。これに対して、私は、

「力強いお返事をいただきまして、ありがとうございます。ぜひお願いいたします。

障害年金というのが、二級の方でしたら年間八〇万円、そしてだいたい一〇万人いるとい

厚生労働委員会で質問をする。
右端は坂口大臣。

われておりまして、年にすると八〇〇億円です。この八〇〇億円という数字が多いか少ないか、そのことはいろいろあると思いますけど、私は経済大国といわれるこの日本のなかで、この程度のお金が出せなくて、これだけ苦しい思いをさせて、さらに裁判までさせているという現状は許しがたいと思われます。

実はこの方からの手紙に、こう書いてあります。『任意加入の道があることも知らされず、加入を勧められることもなく、強制加入後のように免除・猶予制度もありませんでした』。こういう方たちになんと答えたらいいのか、うかがいます」

裁判というのは、二〇〇一年七月五日に、新潟、札幌、盛岡、東京、京都、大阪、岡山、広島、福岡の地裁に三〇人の元学生が訴えを起こし、今係争中になっていることをいう。先に述べた三八人の無年金障害者による障害年金支給を求める裁定請求、審査請求はいずれも却下ないし棄却され、二〇〇一年四月二七日、社会保険審査会は再審査請求を棄却する判断（採決）をした。その結果として裁判に持ちこんだのが三〇人だった。三八人のなかには精神障害者も何人かいた。プロフィールが公開されているホームページで、実名が使われていない人の多くは精神障害者である。前にも書いたように、精神障害者であることがわかるとつまはじきになってしまうのが、今の日本の現実である。だから、おそらく裁判に持ちこむときに、精神障害者の方の多くは身を隠したのではないかと想像している。

大臣が深々と頭を下げて「お約束します」と答弁したことについて、私の隣にいつも座っている西川きよしさんは、かなり興奮して言った。

「すごいことですよ。大臣があんなこと言ったのははじめてですよ」

すでに長年、厚生労働委員会の委員を続けてきた西川氏の発言に、私のほうが驚かされてしまった。

四カ月の委員会活動で、これがいちばん手応えのある答弁だった。

「車椅子一〇〇〇台で国会を取り囲もう！」——介護保険の落とし穴

五月二一日、参議院議員会館第一会議室で、「障害者福祉を後退させた『介護保険制度』を糾明する会」が開催された。これは全国脊椎損傷者連合会、社団法人日本リウマチ友の会、特定非営利活動法人日本せきずい基金、特定非営利活動法人日本アビリティーズ協会の四団体が発起人となって、スタートして一年の介護保険が「障害者」にとってさまざまな不利を発生させているということで開催されたものである。

この日は主催者の予想をはるかに超えて、席が足りなくなるほど、さまざまな障害のある人がやってきた。車椅子の方が多かったのはもちろんのこと、難病の方たちやそのほかの障害者の方もたくさんこられ一〇〇名もの参加者だった。そのほかに衆議院議員一三名、参議院議員六名の国会議員および秘書をふくめて国会関係者が三〇名、厚生労働省の職員やマスコミなど、合わせて一五〇人が参加して熱のこもった討論が行われた。

そこで問題になったことは、老齢者向けの介護保険が、四〇歳から六四歳の障害者にも適用されるようになり、身体障害者福祉法より介護保険優先ということになったために、たくさんの不都合が生じているということだった。私は介護保険ができるときに障害者にも適用されればよいと単純に考えていたので、障害者のみなさんの発言が、私に向けられているように思えて、胸の奥深くまで届いてしまった。だから、この会が終わるとすぐに、厚生労働委員会でこのことを質問しようと考えはじめた。この会の主催者の一人である日本アビリティーズ協会会長伊東弘泰氏に質問書を書くようにお願いした。すぐに出してくれた質問書に調べたものをつけ加えたりして、質問した。

介護用品が、介護保険優先ということで、これまでのようにその人に合うよう特注で作ったものは補助の対象にはならず、原則としてすべて既製品をレンタルしなくてはだめということになってしまった。自立にとってその人が必要な形にしてあるのに、既製品にしてしまうと、介助が必要になったりするのだった。たとえば、あごで操作ができるように工夫されている車椅子、そのおかげで自立できていた人が介護保険のために、自立できなくなるという事態が生じてしまうのだった。

このことについて厚生労働省の職員と交渉をもった。その職員は、「障害者更生相談所に申し出て、そこで再認定を得れば、個別対応ができる」と、いとも簡単そうに言うのだ。ところがよく調べてみると、更生相談所の再認定を受けるには、まず住居地の市区町村の介護保険係を通して更生相談所に予約を申し出なければならず、さらに更生相談所なるものは、ほとんどの都道府県において各一カ所しかないというのだ。そのことに関係するのかもしれないが、いちばん問題なのは、市区町村の介護保険係という窓口がこの問題についてなかなか対応せず、「個別対応はできない」という姿勢で、障害者のみなさんに我慢を強いてしまうということなのだ。

五月二四日の厚生労働委員会では、そのことを追及した。質問の最後にこう結んだ。

「今後、厚生労働省として、この介護保険優先ということを身体障害者福祉法と介護保険法の選択性という形に見直すつもりはないか？」

それに対して、桝屋副大臣はこう答えている。

「介護保険のこの大きな動きのなかで、一気に（介護保険）優先ということが一律にいってしまったと反省している」

その反省に基づいて、どこまで利用者本位の制度に変えていくのか、しっかり見届けたいと思う。

二一日の集会では、はじめてだったこともあって、参加者一同かなりのエネルギーをここからもらうことができたようだった。そのためもあったのか、六月一〇日のパーティー（後述）では、伊東弘泰さんは、「自分たちの要求を実現するためには、車椅子の障害者一〇〇〇人で国会議事堂を取り囲む」と高らかに宣言していた。

学校改革——大地塾からの提言

登校拒否の子どもたちや、障害児の家族たちと、大地塾からの提言をもって、時の文部大臣小杉隆さんを訪ねたのは一九九七年だった。堂本暁子さんの立ち会いのもと、小杉さんは参加者一人ひとりにインタビューをして、その言い分を引き出してくれた。

提言の内容は、「あらゆる障害をもった子どもたちを、ふつうの学校に入れて、入ってきた子どもたちに合わせて学校が姿を変えていく。そんなやわらかい形の学校にしてほしい」というものだった。これこそが教育改革の根幹であるべき、と考えたうえでの行動だった。子どもにとって「生きる力」こそが大切であるということは、もはや誰にとっても自明となっている。ところが、この「生きる力」とは何かということが、なかなか定まらないように思う。

個々の技能的な能力を「生きる力」と考える人が多いように思うが、そのような能力は一生かかっても身につくことがない人たちもいる。一生かかっても歩けるようにはならないだろう人、一生かかっても言葉をしゃべることはないであろう人、そういう人たちはまるで「人間」ではないかのような発言をよく耳にする。「一六歳なら○○はできるはず」などと言われるとき、この人は知的障害者を人間のなかに入れていないな、と感じてしまう。「生きる力」を定義するときにも、技能的な能力で考えている人たちのほとんどは、知的障害者の存在を想定していない人が多いように思う。そのように定義する人たちは次のようなケースをどう考えているのだろうか?

能力はあるけど、人間関係を作れないために、大変な思いをしている人のことである。学校の勉強のみにすべての時間をささげてしまったがために、人間関係が苦手という人は、社会に出てから大変な目にあっている場合が多い。人間関係を作っていくという作業は口で言うほど楽なものではない。しかし、この人間関係がうまくいかない人たちは、いくら学力が高くてもその学力を使いこなせない。長年してきた努力が水の泡になってしまう場合が多い。

反対に、能力はほとんどなくても、人間関係を作る能力があることで、快適に暮らしている人もある。知的障害者で、周りの人に喜んでもらうことにのみ気を配っている人など、その典型である。うちの町に、つい最近までそのような人がいた。

鈴木直《すなお》君は、ダウン症で、知的障害者として三一年生きて数カ月前に亡くなった。ダウン症に特有な人懐っこさと、歌や踊りがとびぬけて好きということもあるが、両親からの絶大な愛を受けて、人を愛することはまるで天性のようだった。

彼の両親は、彼の将来のことも考えていたにちがいないが、「土地と資金を提供するから、福祉施設を作ろう」と呼びかけて、これまで地域活動をしてきた仲間たちと社会福祉法人桐《とう》鈴《れい》会（理事長、滝沢エミカ）を立ち上げ、老人の居宅施設、ケアハウス「鈴懸」を一九九九年に建てた。直君はそこの職員として、皿洗いや掃除などを仕事にしていた。この施設では、建設にかかわった役員（二六人）と八人の職員が一緒に懇親会を開くことがある。そんなとき、カラオケが大好きな彼は自分が歌いたいにちがいないのだが、マイクをいろいろな人のところに持っていって人を先に誘う。最後に自分が歌うのだ。そんな彼の追悼文集（二カ月に一回発行している会報「桐鈴凛々」で特集した）から、彼の人柄がにじみ出ている箇所を拾う。

「直君は何事もいやと言いません。どうかと聞くと、いつも好きですとか最高ですとか、聞く人に喜んでもらえる返事をしてくれます。いやなことをするように言われると、いやですと言わずに、今考え中です、と答えます」

と書いた森山里子さんは、彼が長年住んでいたミニコロニー「六花園」の指導員だった。今はケアハウス「鈴懸」の施設長をしている。そんな多くの人から愛されていた直君は、二〇〇〇年ガンが見つかり、一年足らずで亡くなってしまった。ご両親はガンの末期だということがわかったときに、すっかり涙を出しおえたかのように、今では、「あとに残していく心配がなくなって」とその現実を受け入れている。

この直君のような知的障害者を、ほかにも何人か知っている。

そのようなケースを見てくるなかで、私は「生きる力」の根本は「人間関係を作っていける力」だと思うようになった。そして、この人間関係というのは意見が合う人や同じような環境にある人との関係では、ほとんど苦労はいらないだろう。大変なのは意見が合わない人やまったく違う環境にある人とのつきあいだ。そういう点でいうと、小さいときから違いをもった人とつきあう体験が大事なのだと思う。人間関係というとき「人の立場になる」ことが重要だということは当たり前のことだが、耳が聞こえない人が聞こえる人の立場になるなんていうことは、とてつもなく大変なことだろう。その逆だって同じだ。だから、せめて一緒に生活することによって、少しでも理解が深まることを模索したい。そのためには、どんな障害のある人とも同じ生活の場で、一緒に生活することがいちばん大切なことだと思う。

小さい子どもたちにとって、学校以外にもっといろいろな選択肢があればいいと思うのだが、とりあえずのところ多くの子どもにとっては学校がいちばん長い時間を過ごす場所になっている。その場所を「勉強する場所」だからということで、「勉強」にとっての効率を優先させて、障害別に分けて収容しているのが今の多くの学校の実態だ。

ここで「勉強」と括弧をつけたのは、私が考える「勉強」と多くの人が考えるそれとがかなり食い違っているからである。私にとっての「勉強」は、ずうっと広い意味で、人間関係までふくめたものだ。「学校は勉強するところ」ということに私も異論はない。しかし、多くの人はこの「勉強」という言葉をかなり狭い意味で使っているので、東京シューレ（登校拒否の子どもたちのフリースペース）の子どもたちの言葉を借りて「せま勉」と言うことにしよう。それに対して、私のように広い意味で使う場合「ひろ勉」と言う。その「ひろ勉」にとっては、さまざまな障害のある人やさまざまな人種など、たくさんの違いをもった人がいるほど、「勉強」になるはずである。今の多くの学校ではその勉強ができない。そこで私の言う教育改革の根本は、あらゆる違いをもった人たちに入ってもらって、その一人ひとりに合わせた学校にしていく、というように変えていくことである。

このような提案を小杉大臣はじっくりと聞いてくれた。それがどのように具体化されるのかは今後の問題だろう。私が国会に入ってからも、ことあるごとにこのことを言いつづけてきた。先に述べたように、坂口厚生労働大臣はノーマライゼーションが進んでいるというが、これはあくまでも身体障害児の範囲のこと、知的障害児や自閉症児、学習障害児となると話は別になる。「せま勉」にとってじゃまにならない範囲で、「入れてあげましょう」ということだ。しかし、「ひろ勉」にとっては、「入ってきていただけませんか？」ということにならなくては筋が違うと思う。

現実に、今も学校教育法施行令の改定にあたって、身体障害児を普通学校に入れるかわりに、「重複障害児」や「医療的ケアの必要な子」「対人関係に問題のある子」を締め出すという内容の案が文部科学省から出されている。これは知的障害児など手のかかる子は締め出すということで、障害者団体や心ある人々が集会や署名活動をしているが、このまま通ったらひどいことになると思っている。私もできるだけのことはしていきたい。

国会に行ってみてわかったことなのだが、官僚が出してくる法案は、誰が見ても反対しようのないような、もっともなことが書いてあるのだが、よく読んでみると、そのなかにひどいことを忍ばせていることがある。それに気がついても、そこで反対したら、誰が見てももっともなことにも反対することになってしまうので、ここはとっても悩むことになる。自分の所属している委員会に付託された法案なら、委員会で意見を述べられるのだが、よその委員会を通ってきて、本会議で採決にだけ参加するという場合、敦夫さんと二人で賛成か反対か、ずいぶん悩んだものである。今回の学校教育法施行令の改定も、そのようなものの一つと言えよう。法案の修正が可能な時期に、市民が大いに参加して、議員を動かしていくことが求められている。

遅れている精神医療、小児医療

医療のなかでとくに遅れているこれら二つのことについて、どこかで発言しようと思いつづけていた。まず精神医療について、私のかかわりを紹介しよう。

大地塾をはじめてまもなく、私の講演を聞いた分裂病の方が塾にきた。躁鬱《そううつ》の方とのつきあいはあったが、分裂病の方はそのときがはじめてだった。三〇代後半の男性が両手で目をこすりながら声をあげて泣く姿を見たときに、これは大変なことだと認識した。

あれから一一年、正確に月一回きて一時間ほど話していく。彼が私の精神医療についての先生だ。彼からはたくさんのことを習った。あるとき彼は遺跡発掘の仕事をして年間一〇〇万円以上の収入を得ていたことがある。彼は言った。

「今のぼくがあるのは、はじめてかかった主治医がぼくを入院させなかったから」

以来、私は入院というのは、治療よりもむしろ病状を悪化させることなのかもしれないと思うようになった。

私の無知ゆえに、彼をひどく苦しめる結果になったこともある。彼は話にくるたびに私のことを「大学を出ているから」とうらやましそうに言っていた。あまりそれが続くので、「大学なんて今からでも行けるんじゃないの?」と言ったことがある。それはそんなに軽い気持ちで言ったつもりはなかった。私だってほんとうに勉強がしたくなったときに、はじめての双子をお腹に入れたまま入学試験を受けて、大学院に入り、教員を続けながら週一回の研究日に四年間通いつづけたことがあるのだから。そしてまた、それまでの大学生活よりも、このときのほうがはるかに価値の高いものであったと実感していたのであるから。

彼はその私の言葉に、即取り組みを開始した。通信制の入学案内を探してきて、仏教大学の福祉学部に行くと言う。それに対してご両親は反対しているとも言う。私は彼がその気になったことを単純に喜んでいた。その後、翌年春、彼の家の近くにあるテクノスクールが短大の大学校を開設するということがわかり、京都の仏教大学までスクーリングに行く交通費を考えると、こちらのほうがいいということになった。ご両親はおそらくしぶしぶ許してくださったのだろう。

翌年そこに入学して、二〇歳以上若い人たちと机を並べて勉強をはじめた。ところが、彼は一〇日で退学（授業料の一部返還付き）を言いわたされてしまった。彼の好奇心と彼の生活のなかから身につけた学力と、そして彼の類まれな意欲を、学校は包みこむことができなかったようだ。ご両親はこれを見越して反対されたのだ、と思えたときに、自分のしてきたことの浅はかさを恥じた。この結果、彼の病状はがたんと悪くなり、薬は飲むものから注射に変えられた。注射というのはもっとも強い薬だそうだ。以来彼は決して学歴のことには触れなくなり、十分な「学習」をしてしまったようだった。もちろん私はそれ以上に、「学習」させられたつもりである。

彼は精神障害者の文集を出している。そういう意味では新潟県の精神障害者のリーダー的存在で、いろいろなところに呼ばれて「患者本人」としての話をしている。私は家まできて話をしてもらう光栄に浴している。

私にはもう一人、先生がいた。青酸カリで自殺をしてしまい、今は亡き友人の一人だ。入院中の自殺とあって、関係者のみなさんには大変なことだったにちがいないのだが、私には「やっと楽になれた」という彼女の言葉が聞こえてきてしまう。

彼女は見舞いに行った私に、閉鎖病棟のなかを案内してくれた。はじめて「保護室」なる隔離部屋を見たときの驚きは今でも鮮明だ。冷たいリノタイルのような床、その端にただ四角い穴があいている。そこがどうやら便所らしいのだが、キンカクシもなにもないただの長方形の穴だけ。こんなところに入れられたらそれだけで病気になってしまうだろうと思えた。「入院しなかったから今のぼくがある」という言葉の真実が伝わってきた。そこに通りかかった男性職員が「そんなところに行く必要ないだろ」と声をかけてきたとき、「この方は好奇心旺盛な方ですから」と彼女がかわしてくれた。とっさに出てきた彼女の言葉は実に適切で、私を思ってしてくれていることが伝わってきて、胸がいっぱいになった。

そんな彼女が青酸カリをどのようにして手に入れたかは知るよしもないが、それらしきことをちらちらとほのめかしていたことはわかった。それは「助けてほしい」という心の底からの叫びだったのだろう。私はそれを見逃した。そこの病院の職員も私と同じように見逃したのだろうか?

彼女が逝ってしまってから何年かして、新潟県の精神病院の牽引役《けんいん》をしてきた国立療養所犀潟《さいがた》病院で、拘束中の患者が嘔吐物によって窒息死するという事件が起こった。これについてはマスコミがいろいろな角度から報道し、かなりの人に知れわたり、ある程度の改善は図られたのかもしれない。また、これをきっかけに拘束の是非についての議論も盛んになった。しかし私には何かが改善されたようには思えない。

かつて女子医学生が、精神科医になろうとして、患者に化けて精神病院に入院したことがある。以前、朝日新聞の記者だった大熊一夫さんが『ルポ・精神病棟』を書いたときにしたように、病院に内緒で行うのではなくて、病院との話し合いのうえでのことだった。病院としてもそのような形で病院のしていることを点検してみたいという意思があったということだ。それだけその病院は良心的だということでもある。

ところが、一週間入院して彼女が見たものは、その後一カ月の閉じこもりを彼女に強いるようなものだったという。例をあげると、薬を飲まないとその罰として開放病棟の人は閉鎖病棟へ、閉鎖病棟の人は保護室へ、と移動させられる。つまりこれは職員による患者の管理のために閉鎖病棟や保護室が存在するということだ。この一点だけ見ても、彼女には許しがたく思われただろうことは想像できる。世の中で良心的と信じられている精神病院でさえ、これが現実だということだ。

どうやら精神病院の現状は、患者の病気を治すことより、患者を隔離することによって社会のほうを安全に保つということが、目的になってしまっていると考えざるを得ない。それを病院本来の目的である「患者の治療」に向けて、職員が心を集める体制にもっていくにはどうしたらいいのか、問題を提起しつづけたいと思う。

私は厚生労働委員会で、何回も訴えてきた。「障害者と一言で言うけれど、そのなかでも知的障害者は一ランク落とされているし、精神障害者はさらに下に落とされている」と。坂口大臣も常にそれを認めていた。だから通常国会最後の厚生労働委員会で、私はこの精神医療の問題を投げかけた。これについて大臣はすぐというわけにはいかないが、何年かかけて改善していくと答えた。そして、とくに精神科の患者さんにとって、話を聞くということの重要性を、私の発言どおりに認めたうえで、そのようにできる人員配置をしていきたいと述べた。

二〇〇一年六月八日に起こった池田小学校での多数の小学生の殺傷事件について、厚生労働委員会ではいろいろな方が発言した。多くの発言は、被害者について、または被害を防ぐ方法についてだったのだが、私は、被害者やその家族に対して配慮したあと、加害者が加害行為をせざるを得なくなるいきさつについて発言した。

私が主宰する大地塾にきていた登校拒否の子どもたちは、数年前の神戸での少年事件のときに、加害者の少年に共感をもつ子が多かった。それは彼らが、一度は自殺を考えたことがあるからであり、そのとき一人で死ぬのは怖いから、誰か一緒に死んでくれないかと考えていたというのだ。今回の事件でも宅間容疑者は同じようなことを言っている。自分のことを「死ぬしかない」と思ってしまう人が起こす事件がとても多い。私にはそのような事件が「自殺の道づれ」に思えてしまう。もちろんそれは、ひどいことであるのに変わりはないのだが、弱い人間が最後の知恵をふりしぼって考えた方法のように見えるのだ。

とすれば、「死ぬしかない」と思う人を減らしていくことしか、このような事件を減らす方法はないのではなかろうか。それには誰か一人でもいいから、その人を抱きしめて一緒に泣く、そんなことが必要なのだと思っている。そのような人が、職業として存在するとすれば、それは、「聞く」ということに徹するカウンセラーのようなものなのではないか。だから私は、カウンセラーの養成と配置を提案していきたい。もちろん、カウンセラーにもいろいろあって、カウンセラーによって心の状態がもっとひどくなるというケースがないわけではない。人と人の関係こそ、合う、合わない、があって当然なのだから。

しかし、私が声を大きくして言いたいのは、小泉首相のように「保安処分」などという「北風」の解決策を出してくるのをやめて、「太陽」でとかしていく方法を提案したいのだ。

加害者が精神障害者であるかどうかに関心が向けられているが、私は、どちらであっても、周りがどうすればいいのかということには、変わりがないと思っている。私は、彼を抱きしめて、一緒に泣きたい。


さらに委員会では小児医療の問題を取り上げた。私の次男のパートナーが小児科医なので、小児医療の現場については彼女から聞くことが多い。小児科は採算に合わないということで、民間病院では小児科を廃止しているところが多い。そのために、公立病院の小児科に患者が殺到して、忙しさは大変なものである。彼女の勤めている病院は大学病院だったり、赤十字病院だったり、重病の子どもがくるところだ。一人が出張に出ていたりすると、残りの医者で当直、ポケベル当番となる。重病の子どもが続けて運ばれてくると、当番でない医者までかり出されることになる。彼女が当番でないのにかり出されるとき、二人の子どもをつれて病院に行ったことがある。母親が診察している間中、下の赤ん坊はそばで泣きつづけていたというのだ。

小児科医の生活がこのようなものであることは、医学生のあいだでは知れわたっている。だから小児科を選ぶ医学生がどんどん少なくなり、ますます小児科の現場は人手不足が高じる。この悪循環が小児医療の現状を作りだしている。

これは大人と子どもの保険点数が同じであることに起因している面が多い。同じ治療をするのでも、子どものほうがはるかに手がかかる。レントゲンをとりに行くのでも、大人なら口で言うだけであとは一人で行ける。子どもの場合には看護婦がついていかなくてはならなかったりする。また怖がって泣きわめく子もいる。医者だけでなくさまざまなところで人手が余計にかかるわけだから、そこに保険料を加算すべきなのだ。社会が、子どもを大事にしているのかどうかが試されている問題だと思う。真夜中や休日の小児医療の現場の混み合い方を体験したことのある人には、この国が子どもを大切に思っているとは感じられないにちがいない。

私はそのことを厚生労働委員会で訴えた。元小児科医である坂口大臣はよく現状を把握しているとの答弁だった。なんとかしなくてはいけないことも十分理解しているとも。そしてまた、つい半月前にせっぱつまった小児科医十数人が、全国から、大臣のところへ陳情にきたことも話した。

その直前、少子化対策についての国会決議が行われたばかりである。少子化対策というものがあるとすれば、子どもが病気になっても大慌てにならない施策こそ、いちばん必要とされるのではないのか。子どもを乗せた救急車がたらいまわしにされた結果、亡くなってしまったなどという事態は言語道断としか言いようがない。

社会全体が、子どもの存在を大切にするという共通の理解に達することこそ、今求められていると思われる。「子どもだまし」などという子どもをさげすむ言葉をなくしたいものである。子どものほうがよほど鋭敏に感じとっていることを、私はしばしば羞恥心とともに知らされてきている。

深刻な日本の農業問題

三〇年間農村地帯に住んでいるので、いやがうえにも農業問題には関心が深まる。それになんといっても体をつくる命の素は食べ物であり、食べ物はほとんどが農産物である。自分でも勤め人をやめてから近くの畑を借りたりして、ほんの少しだが野菜作りをしてきた。

夫も医者として食べ物には深い関心があって、「医と食と農の連続講演会」を開催していたこともある。そのときに、有機農業研究会をはじめた山形県高畠町の星寛治さんを呼んだことがあった。化学肥料をやめて堆肥で土を作ると、土の温度が上がり、さまざまな微生物がさまざまな作用をして、農薬などを使わなくてすむような農業ができるという話を、自らの実践をバックにしてくれた。それがきっかけになってこの町にも有機農業研究会ができ、何人かの方が山形県高畠町へ研修にも行っている。ここは宮崎駿のアニメ「おもひでぽろぽろ」の舞台としても有名になっている。

私の三女も京都精華大学在学中に、先生から「自分の食べ物は自分で作る」ということが生きる基本であると言われたことから、卒業後、広島の農家を回るヘルパーをしながら農業を身につけてきた。そのころ、星寛治さんのやっている「共生塾」に友だちと行ったりしていた。

「大地を守る会」の藤本敏夫さんにきてもらって、「持続可能な農業」についての講義をこの地の農業者とともに聞かせてもらったり、また加藤登紀子と藤本敏夫夫妻のトーク&ライブを催したこともある。

そんなこれまでの経験くらいでは、とても農業に口をはさむ資格はないのだが、農林漁業団体職員共済組合法の審議で、私は農業の問題を農林水産省に質問した。

まず農業が衰退しているという認識があるのかと聞くと、食料自給率が一九六一年に七九パーセントあったのが四〇パーセントに下がったことと、農業従事者が三分の一になったことなどをもって肯定したので、その原因を尋ねたら、二つ挙げた。一つは高度経済成長のなかで農村人口が都市部に流出したこと、二つ目は国民の食生活の変化で輸入食品が増えたこと、によるという。まったく外的なことにのみ、その原因を求めた役人の答弁への怒りをセーブして、「日本が工業国として発展していくために、その輸出の見返りに農産物を輸入することで日本の農業は工業の犠牲になった」と、多くの農民が思っていることについてどう考えるのかと追及した。それに対して、またしても国際化だとか自給率の低下だとか、さらに国民の食生活の変化が原因だというのだ。

私は農政の責任を追及しようとしているのだが、とことん自らの責任をとらないのが役人であるということが、鮮明に理解できた。役所というものは国民全体の利益を考えて行動すべきなのに、キャリアといわれる役所の幹部たちは、ある役所に新卒で配属されると、その後ほかの役所に行くこともあるのだが、それはあくまで「出向」という形であり、役所にとどまるかぎりは、はじめに入った役所に籍がありつづける。そのことによって自分の省の利益にそって行動するようになってしまい、省益が国益と対立するところまでいってしまうことがある。厚生労働省の保育所と文部科学省の幼稚園などはいい例である。お互いに省益を譲らないので、同じ幼児の施設でありながら、一元化できないままに長年が経過している。省という大きな組織を守ることが至上命令になってしまっては、一人ひとりの役人はその大きな組織をバックにして、自分の責任などを消してしまうのが、「世渡り上手」ということになってしまうのだろうか。そのような無責任体制を解消すべく、国家公務員Ⅰ種試験に受かったキャリア組は特定の省庁に配属されるのではなく、内閣に所属していろいろな省庁を回るようにするという、国家公務員法の改正案を、新党さきがけが検討していた。

そもそも農水省とは国民の健康を維持するために、その安全な食料を確保することが任務のはずだ。輸入食品には農薬が大量に使用されており、これによっても国民の健康が害され、そのうえ化学肥料や農薬を使って日本の農業をだめにしてきた農政の責任を追及した。それに対して、「日本のようなアジア・モンスーン地帯にあるところでは害虫がいっぱい出るので、農薬使用はやむをえない」と言うのだ。先に述べた堆肥による土作りのことにまで言及する時間はもてなかった。

その後、農協批判に移った。有機農法を組合員農家が進めようとしても、農協の勧める有機肥料を使わないと農協で野菜を販売させないという対応をすること、また農協からの負債がかさみ、ちゃんと農協と相談して借り入れたのに、あとになるとまったく責任をとらないことなどを追及した。もちろん借り手としての責任もあるにはちがいないのだが、農協が合併する過程で、それまでの小さな組織だったころのような信頼関係に基づいた対応ではなくなった結果、この借金の問題では自殺または心中にまで追いこまれている現状がある。すでに農協離れがかなり進行しているそうだが、農協自身、責任をとらない役所の体質を見習ってきてしまったのではないのか?

私はこの質問をするにあたって、信頼する山村農家の友人石川美恵子さんに資料を送ってもらった。彼女は一九九九年の統一地方選で新潟県議会に立候補して落選している。農業に従事する女性にはぜひ当選してほしいからと、堂本暁子さんが応援にきたので、私も一緒に応援に行って以来のつきあいである。彼女は山村農業こそが生き残れる道=進むべき道と考えていて、縁あって山村で農業をしている人に出会い、結婚という形であったが、念願の農業・農村の生活環境を手に入れた。

彼女の住んでいるところはかなりの山の中で、過疎化が進んでいる。彼女の夫の小中学校時代に二四人いた同級生はみんな出ていって、彼一人残っているだけだという。その彼も、三〇歳までに「嫁」にきてくれる人がいなかったら、そこから出ていくつもりだったという。かろうじて三〇歳のときに「きてもらえた」ので、その後の県議選出馬についても「なんでも協力する」という姿勢だった。

しかも彼女が「嫁」にきて以来、一人もこの集落に「嫁」がきていない。だから彼女の末っ子が小学校を卒業したら、小学校は廃校になってしまった。中学はとっくに廃校になっているので、昼間その集落には子どもの姿がなくなったという。そのような環境のなかで暮らしている彼女の文章を読んでほしい。

今、飢えが伝えられる北朝鮮やエチオピアの穀物自給率は八〇%近い。日本はなんと二七%。これでまだ減反政策を続けている不思議な国。危機ってこないの?

なぜこうなったのか。私は、ものを決定する場に女性を入れてこなかったツケだと思う。腕力において勝る男性が「力」の使い方を勘違いしたことが原因ではないか。そもそも男性は、種の存続において子を産めない宿命を持つが、その代わりに妊娠・出産・授乳をしてくれる女性と、ほかの動物にくらべて途方もなく成長まで時間がかかる子を、自然界の厳しさから守るために役割として腕力が与えられたはず。決して己の権力誇示・拡大のための戦い(戦争)や開発(環境破壊)に使うべきではなかったのだ。

長いあいだ、産み育てる立場だけに置かれ、弱さゆえの痛みも理不尽も男性以上に知っている女性の意見を取り上げなかった間違いに気づき、決定の場(議会)に半分の女性を入れることを決めたヨーロッパの多くの国では、企業が破産しても人間は生き残れる福祉社会を選んだ。地球環境にはとくに力を入れ、一度でも事故がおきたら国が壊滅する原発は廃止・凍結し、ゴミを作らない政策や二酸化炭素削減には国民総動員だ。国民の食料の七割を外国に頼るような愚策はない。「経済より生命、今より子どもたちの未来」の政治に変えている。

地球という限られた生存基盤を壊しつづけてきた（むろん、例外は認める）男社会の行き詰まりを立て直す鍵は「女性」だと思えてならない。そういえば身近な町内会や農業委員会、議会、各種委員会に女性が少ない。ゼロのところさえある。

ものを決定する場は未来を決める場だ。そこに女性がいない不思議さが、なぜか「農」で食べていけない不思議さと重なるのである。（日本農民新聞二〇〇一年五月一五日号）

第5章　選挙戦真っ盛り

ハンセン病患者アキヤンで盛り上がった決起集会パーティー

四月一日のパーティーには、新潟県の知人にしか案内を出さなかったので、他県の方たちから「いつお祝いをするのか」というような問い合わせが相次いだ。そこで、パーティーをするなら決起集会だ、ということになった。五〇〇人に集まってもらうには広い場所が必要だ。かつ国会の近くという条件では、赤坂プリンスホテルしかないというわけで、六月一〇日三時「黒岩ちづこさんの更なる飛躍を期する会」の開催が決まった。実行委員長は、高校の先輩でかつて行政委員長をしていたという、リーダーにもってこいの清水一郎さんにお願いした。

元さきがけの仲間たちが応援に。左から堂本暁子さん、
私、乾杯の音頭をとる井出正一さん、夫、中村敦夫さん。

ちょうど一カ月前からとりかかり、当日はなんと六〇〇人もの人が参加した。中村敦夫、堂本暁子両氏の人気も見逃せないが、黒岩秩子《くろいわちづこ》を再度国会へ送ろうという意気ごみが、多かれ少なかれ六〇〇人の共通の思いだったと思う。

私の小学校から大学までの同窓会の方々をはじめ、教員時代の教え子や同僚のみなさん、敦夫さんの周りに集う「国民会議」関係者、私の夫や子どもの友人たちまで、みなさん友だちを誘い合わせてきてくれた。そして新潟からは、地元魚沼《うおぬま》からバス二台、新潟市から一台で、計七〇名が国会見学とセットでやってきた。

新党さきがけの党首だった井出正一さん、村山首相の補佐官だった錦織《にしこおり》淳《あつし》さん（民主党比例区の候補者でもある）、堂本暁子さん、中村敦夫さんと壇上に並んだら、六年前の新党さきがけのメンバーそのものだった。今でもよく言われる。「自民党から飛び出して、結党したばかりのさきがけが好きだった。あのころは何かできそうな予感があった」と。

私は当時、ほとんど政治には絶望していて、政治欄など読まない生活をしていたから、突然目の前に現れたあのころのさきがけの議員たちが、きらきら光って見えたものだ。武村党首のことさえ、「武村さん」とみんなが呼んでいた。誰もが言いたいことが言える対等な議員集団という感じがしていた。みんなが国の行く末を考えていた。「官権から民権へ」という構造改革にとりかからなくてはと真剣に考えていた。それがなぜ頓挫してしまったのか。それは当然のことながら、新党さきがけにかかわったすべての人、つまり私もふくめて、解明しなくてはいけない課題である。

パーティーの話にもどそう。堂本さんによる、堂本さんと私とが知り合ったときからの話、そして黒岩一家をあげて取り組んだ堂本選挙（千葉県知事選）の話、無所属の風が起きた千葉の話、どれをとってもまるで私が当選することが約束されているように思える話だった。

その日、私の子どもたちは、マイアミ大学に行っている四男をのぞく六人がきてくれ、そのうえ一年間浦佐《うらさ》の家にホームステイしているスウェーデンからの留学生ユアン（一七歳）もいたので、七人壇上に並んだときには会場のみなさんは身を乗り出して眺めていた。彼らの小さいころを知っている人たちもたくさんきていて、あまりの成長ぶりに涙さえ浮かべて

子どもたちも勢ぞろい。四男代理のスウェーデンからの留学生（わが家に１年間ホームステイ）のユアン。

いる人もあった。それこそ「着られればいい」程度の洋服を着て、いたずら小僧ばかりだったあのころを思うと、隔世の感がある。大学生の揺光《ようこう》をのぞくと、全員が社会人になっている。いちばんのいたずら坊主だった次男の巌志《がんじ》は二児の父になり、その日は私の初孫の魁（カイと読むのだがさきがけとも読める。七歳）もきていた。そして、いつものようにおじやおばたちのおもちゃになっていた。

私たち夫婦の学生時代からの友人石井暎禧《えいき》さんは、「夫婦げんかをすると、どちらかがうちにきていた」などと内情を暴露、「仲直りをするたびに、子どもが増えていた」とも言って、会場をわかせていた。

しかしなんと言ってもいちばんの盛り上がりは、長島愛生園のハンセン病患者、アキヤンこ

ハンセン病患者アキヤンこと秋山栄吉さんの登場で、パーティーは最高潮に。はじめて長島愛生園を訪れたときから7年のつきあい。

と秋山栄吉さんが花束を持ってよろけながら壇上に上がってきたときであった。長女の萌実《もえみ》と次女の海映《みはえ》に両腕を抱えられながらの登壇だったので、会場のみなさんは前進してきた方が多かった。

　ハンセン病裁判の控訴を国が断念した直後だった。花束をいただいた私は秋山さんの手を高く上げて、「みなさん、ご覧ください。この手の指は右の親指一本しかありません。この指で筆を持って手紙をくださるし、外部の者が行くと料理をして歓迎してくださいます。長島愛生園を多くの方が訪ねられるのは、この秋山さんの存在が大きいのです」と話した。

　何人もの方々がハンカチで目をぬぐっていた。なりやまぬ拍手で見送られたのは言うまでもない。

このときに私がみなさんにお願いしたのは、次のようなことだった。

「堂本さんから渡していただいたバトンを受けとって走ってきました。私はこれまで思ったことをそのまま口に出してしまうという性質によって多くの人を傷つけ、なかでもいちばんの被害にあってきたのは私の夫です。しかしこの私の性質は、国会のなかでは欠点でないばかりか長所であり、さらには武器とまで言えるようなものでした。厚生労働委員会での、私の現場をふまえた発言は大臣や官僚たちをうなずかせたり、時には狼狽させたりしてきました。三カ月で十分種がまけました。あと六年の時間をみなさんのお力によっていただくことができたならば、この種を実らせ、刈りとるところまでやりきることができるでしょう。今の情勢のなかで、無所属でかつ無名な私が当選するとすれば、それは奇跡に近いものでしょう。その奇跡を起こすことができたならば、無党派の市民にそれだけの力があるということになります。どうかみなさん、その無党派の市民の力を発揮してくださいますように、お願いいたします」

会が終わって帰るときには、みなさんから大変励まされ、このままいけば当選できるのかもしれないとまで、思わされたものだ。

六〇代男性の涙を誘ったリーフレット

敦夫さんはさまざまなデザインを考えるというようなことを、いつも楽しくやっているように見えた。私のリーフレットもそのようにして敦夫さんが作ってくれた。できあがったのを見せてもらい、少し手直しをして完成した。

私の好きなワインレッドをイメージカラーに、わくどりをし、そこに白い星をちりばめてあった。この星は「輝きの星」または「希望の星」なのだという。なかを開くと「もう政治屋には任せない!」、副題として「ムダな公共事業予算を削り、高齢、医療、児童、失業対策へ」とあり、私の文章が載っている。また私のこれまでの活動を紹介する写真が四枚並んでいる。はじめは保育所のプールでおなかに子どもを乗せて笑っている。次は知的障害児耕輔君のパーティーで、重度の障害児である健彦君母子が耕輔君に花束を贈呈している。その次は夫がやっているデイケアで、お年寄りと交流している。最後にマイクを持ってしゃべりまくっている私の写真。そして、裏には敦夫さんの推薦文がついている。「私は、とにかく政治家になりたいという人を信じない。それでは、ただの個人的な就職ではないのか? 政治をやるには動機が重要だ」というはじめの言葉が、多くの人の共感を呼んだ。

このリーフレットを全国の知り合いのみなさんに送ることが、選挙運動のはじまりだった。

リーフレットはおおむね好意的に受け入れられたが、「星のマークはなんなの？」といぶかしげに言う人もあった。また表紙にある写真がまるで私に似ていないという人もあった。とくに家の子どもは全員「気持ち悪い！」といった反応だった。しかしそれも不思議なもので、しばらくすると私の素顔を見て「今日は顔色悪いね」とか言うのだ。こういうのは単なる慣れというものなのかとも思えた。口紅をつけたこともなければ、ファンデーションなどとは無縁な生活をしてきている。わが夫もはじめは「化け物だ」と言っていたのに、どこに行くにも持ち歩いて配るようになっていたそうである。私の母はすっかり気に入って「こんな美人を産んだ覚えはない」と冗談っぽく言っていた。

このリーフレットの力を痛感したのは、こんなときであった。七月になって選挙戦がはじまり、朝早くに駅で「朝立ち」ということをした後、午後の街宣までの間、麴町にある宿舎に帰れないほど遠いときは、ホテルを一休みする場所として利用した。一人でも多くの方に私を知ってもらいたいので、タクシーに乗っても運転手さんに話しかけ、受けとってもらえそうならリーフレットを渡した。だからホテルでもフロントに渡しておく。あるとき、一休みした帰りにフロントで声をかけられた。私とほぼ同年齢の男性からだ。「今これを読んで、涙が止まらなかった。友人に配りますから二〇部ください」。六〇年も生きてきた男性の涙を誘うことができるリーフレットなのだということが心に響いた。作ってくれた敦夫さんに

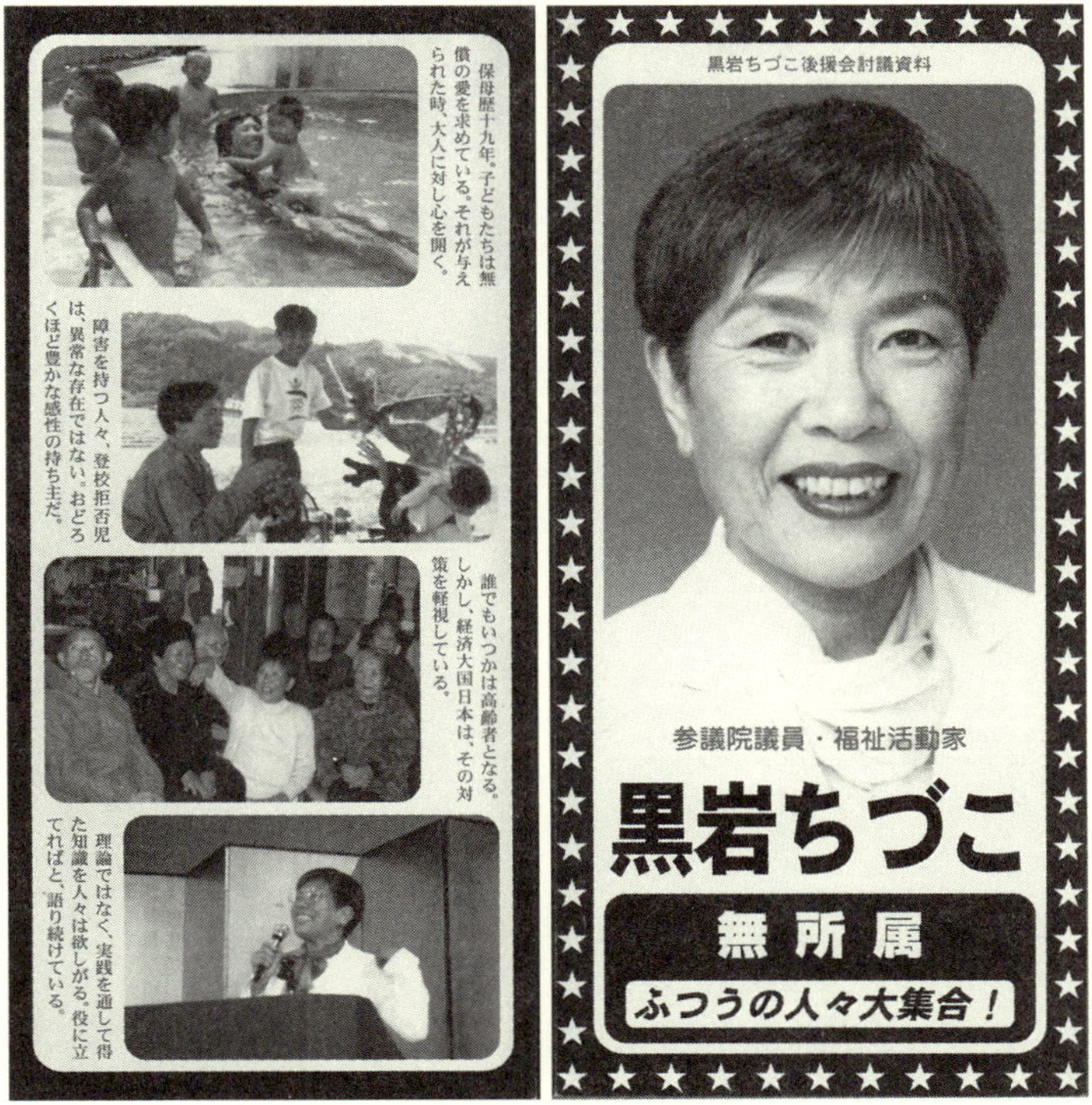
保母歴十九年。子どもたちは無償の愛を求めている。それが与えられた時、大人に対し心を開く。
障害を持つ人々、登校拒否児は、異常な存在ではない。おどろくほど豊かな感性の持ち主だ。
誰でもいつかは高齢者となる。しかし、経済大国日本は、その対策を軽視している。
理論ではなく、実践を通して得た知識を人々は欲しがる。役に立てればと、語り続けている。
黒岩ちづこ後援会討議資料
参議院議員・福祉活動家
黒岩ちづこ
無所属
ふつうの人々大集合！

力を発揮したリーフレット。表紙の写真は、
敦夫さんの「ちづこ改造計画」の結果だ。

改めて感謝した。このリーフレットが、私の代わりに東京中を飛び回ってくれればいい、そう思うことができた。

リーフレットにこんなに力があるということに自信を深めた私は、リーフレットを配るということにいちばん力を注ぐことにした。このことがまた別の問題を生むということに気づくには、あまり時間はかからなかった。街頭で演説をしている私の位置から見ると、あの人ならビラを受けとってくれそうと思える人にビラが届いていない。そこでビラ配りの人に私が合図を送る。これについて秘書の宇洋《たかひろ》からクレームがついた。候補者がボランティアの方に指図する姿は見ている人々に不快感を与えるというのである。言われてみれば、一枚のビラを渡すことより、その光景を見せないことのほうが大切だということに気づいた。それは私と運動をしてくれている人との信頼関係においても大切なことだと思えるようになった。以来、合図を送ることを一切やめることにした。

「ご近所」が存在するミニ集会

区議や市議などの方々がいろいろな場所でミニ集会を開いてくれた。これが私にはいちばんありがたいことだった。街宣ではなかなか聞いてもらえないのだが、集会となれば、確実に聞いてもらえるばかりか、質疑という形でみなさんの意見を聞かせてもらうこともできる。聴覚障害者がきていたことがあり、議員の方の手話通訳で聞いていてくれた。終わってから、その聴覚障害者の方が発言した。「私たちにはなかなか情報が入りにくい。選挙中、手話通訳をつけてほしい」。そのおかげで、選挙期間中、何回か手話通訳をお願いすることができた。このことについて、こんなふうに言う人があった。「手話通訳の方がいるというだけで、とっても暖かい雰囲気になるのよね」。ほんとうは毎日ついてほしかったのだが、なかなか適任者を探すのが難しかったというのが現状だった。

日の出町、檜原村《ひのはら》に行ったのはいい体験だった。どちらも町議、村議の女性が呼んでくれた。日の出はごみ問題で有名だが、私はほとんどその内容を知らなかった。だから、ミニ集会の前に、町議の雨宮敬子さんのお宅で、その専門家、中西四七生《しなお》さんから講義を受けた。私の無知ぶりに二人ともかなり驚いていた。なにしろ、産業廃棄物と日常廃棄物の違いさえ、ほとんどわかっていないのだから。私は、日の出のごみ問題が、一向に解決しそうもないということに打ちのめされる思いだった。ごみ問題に取り組んできた女性たちが中心になって集会が行われた。

檜原村の村議丸山美子《よしこ》さんは、私の中学時代のバレー部仲間の弟さんのパートナーで、私の夫のやっている在宅医療や私たちのやっているケアハウスなど、老人福祉の視察で、四人の会派仲間ときたことがある。そのときうかがった話や、見せてもらった写真などから想像していたが、東京のなかの「僻地《へきち》」ということなので、行ってみるのをとても楽しみにしていた。日の出町に午後行き、その後檜原村に行ったので、集会は夜だった。そのおかげだろう、夫婦そろってきた方をふくめて男性が半分くらいというめずらしい集会だった。丸山美子さん手作りの干し柿などが出て、お茶を入れるのは美子さんのパートナーで中学教師の二郎さんだった。多岐にわたる話し合いとなり、うれしかった。

その夜は丸山家に泊めてもらった。朝五時ごろ鳥のさえずりで目が覚めた。その声に誘われて外に出てみると、話には聞いていたものの、実際に見てみて感動した。大変な山の中なのだ。見えるものはすべて「自然」一色。これを求めて丸山夫妻はここに引っ越してきたのか。納得がいった。山の頂上に近い、かなり急な斜面に家が建っている。眼下には深い谷。標高が六五〇メートルという。車が家の前までは行かないと聞いていたが、なるほどすぐ近くまで道路がきているが、最後の数十メートルは車が入らない。ここで美子さんは四人の子どもを育て、手作りのお菓子やパンを焼き、自宅でコンサートを開いて客をもてなしてきたのか。

私も都会から田舎に移り住んだつもりだったが、「田舎」の度合いが一段違う、と思われた。私はかねてから、田舎と都会の違いは、夕刊があるかないかの違いだと言っていた。しかしそれ以外の基準もあるのかもしれない。東京といえば都会だと思われてしまいがちだが、島をふくめて、このような「僻地」が存在するということを認識することができた。

選挙後、各市区町村の得票数が新聞に出た。私がいちばん高い得票率を得たところは小笠原村。次が檜原村、日の出町と続いた。小笠原村にはとうとう行けなかったのだが、原田龍二郎村議が活躍してくれたにちがいない。檜原、日の出でも丸山さん、雨宮さん、田村みさ子さんなどの議員の活躍が大きかったのだろう。小さいところほど、一人の力が大きいと思う。

東京のど真ん中では、住宅事情から、自宅で集会が開ける家というのは数少ないことが予想されたが、数軒、実現していただくことができた。そのなかですごかったのは、調布市議の片山哲さんの家でのミニ集会だ。六〇人くらいいたのではないだろうか。一品もちよりのバーベキューパーティーだった。調布は私が新潟に越してくるまで住んでいたところだった。多摩川住宅という大きな団地で、私は保母資格をとるために、団地のなかの方からピアノを習っていた。せっかく調布に行くならピアノの先生にも連絡してみようと思った。電話をかけたら娘さんが出て先生は留守だという。用件を伝えると「私が行ってもいいですか?」と言う。「もちろん」と答えたものの、その娘さんというのは当時赤ちゃんだったので、お互いにほぼ初対面なのだ。

それから、学科で落ちて保母資格のとれないまま、教員資格を代用して、はじめて勤めた保育園も調布だった。そこで同僚だった池田栄子さんにも連絡すると、彼女も友だちを誘ってくるという。結局私の知り合いが合計四人もくるというので、そんなにオーバーしても入れるのだろうかと心配したのだが、私がついたときにはもうみんなきていて、すっかりうちとけているではないか。そこには、わが家の「共に育つ会」を思わせる暖かい空気が漂っていた。家のなかの人たちと外のバーベキューグループもとけあっていて、また男も女もとけあっている。

片山さんが司会をして、私を紹介してしゃべらせてくれた。どこでも話す内容のほかに、多摩川住宅のこと、はじめて勤めた保恵《ほけい》学園保育園のこと、家の双子の子どもを一年間預けていた国領《こくりょう》保育園のことなどに話が及ぶと、その関係者がたくさんいて、話しおわると大勢の方が、「うちの子も保恵です」「多摩川住宅に住んでいます」「国領保育園でうちの子が同じ組でした。新潟に引っ越したのを覚えていますよ」。そのほかにもいろいろなつながりのある方がいて、旧知の仲のような気分になってしまった。片山家では日ごろから、このような一品もちよりのパーティーをしているとのこと。子どもさんが幼稚園のころからのつながりだという。そんな日ごろのネットワークが試されるのも選挙の面白さだ。

そんなことがあったので、選挙期間になってから、街宣車を多摩川住宅に回してもらった。三一年前まで住んでいたところだった。私はマイクを奪うようにして、「多摩川住宅に住んでいました。ここでみなさんと一緒に双子を育てました。ロ号棟の室谷さんにピアノを習って保恵学園保育園に勤めました」と話しながら回った。一回りしてバス停の前にもどってきたら、何人かの人に話しかけられた。「室谷さんの娘さんとうちの娘が同級生なんですよ」「公報で見てあなたのことを知っていたのでよく聞かせていただきました」

街宣車のなかから話していると、いったい聞こえているのかどうかわからない不安がある。このように声をかけてもらえて、聞こえているのだと安堵するとともに、「隣は何をする人ぞ」と言われている東京のなかにも、まだまだ「近所」というものが存在していることをうれしく思った。

夫と二人で、室谷さんの住まいのあるロ号棟を訪ねようとしたら、そこから出てきた人が「室谷さんは今お出かけですよ。自転車がありませんから」と言うではないか。私たちが室谷さんのことを、街宣車のマイクを通してしゃべっていたことから察して伝えてくれたのだ。三〇数年前、子どもを預けたり預けられたりしながら、一緒に育ててきた思いがする団地の仲間意識がまだ残っていることを、ほのぼのとした空気で感じとった。

それなら、その前に住んでいた東村山にも行きたい！と思ったときには、もうすべての街宣が決まっていて動かすことができなくなっていた。

ミニ集会の縁で、以来事務所に毎日きてくれる方ができたり、家で電話をかけまくる方が現れたりと、ミニ集会の収穫は実に大きかった。もちろん、その会場を提供してくれた方の負担は大変なものだったにちがいない。でもそれぞれのお家の香りが今も思い出せるような気がする。

女だからこそできる「構造改革」

支援者の方で自分の知り合いにリーフレットを送るときに、推薦状を入れて送ってくれた方が、その推薦状を私にも送ってくれた。Ａ３の大きさの紙にいろいろなものを貼ってきれいに仕上げた元保母さん。大地塾の子どもの言葉がほしいと言われて、書いてもらったのが使われたものもある。中学から登校拒否をして大検をとって二〇〇一年京都精華大学に入学した目崎美絵《めざきみえ》の推薦文を紹介しよう。

「クロちゃんは相談にくる人に対して、決して代わりに答えを出したりしないよね。その人の言葉を待って、最終的にその人に全部言わせる。私のときもそうだった！　ただ、どうしてなのか、どうしてつらいかを一緒に考えてくれる。そんなときのクロちゃんの顔を見ていると『悩みは一人で抱えるもんじゃないんだ』って思えてすこし楽になる。それがクロちゃんに人が共鳴する力なんだと思う。クロちゃんは、今は表に出ていない能力や可能性があると、人を信じていてくれる。私をふくめ、クロちゃんに出会った多くの人が、それを支えにしてきたと思うよ。そして、自分もクロちゃんの支えになりたいって、そう思う可愛らしさや優しさがクロちゃんにはあるんだよ。好きなように生きて、思うようにあるいてください」

もう一人、やはり中学からの登校拒否で大検をとって二〇〇〇年大学生になった生井《いくい》恵《めぐみ》（仮名）のは、

「♪あなた好みの女になりたい～♪　一緒に行ったカラオケで、この曲を歌った一五歳の私に『ほんとにそう思うの？』って尋ねてきたクロちゃん。政治の世界でもきっと素敵な男と女のあり方を考えていってくれるでしょう」

この推薦文集を作ったのは、札幌で「原発いらない」などさまざまな市民運動をやっている谷百合子さん。彼女は私の夫にも書かせてくれた。

「ちづこは私にとっては妻であり七人の子どもの母親ですが、生来何事にも一途で、バイタリティを発揮してしゃべり、行動する女性です。また、世の常識を『天敵』とみなす素質があり、『迷惑をかけ合おう』などと自分の名刺に刷りこむ『変人』ぶりも彼女の特性です。

こうした考えは、多くの児童や知的障害者あるいは七人の子どもたちとのかかわりから、肉体にしみこんだ思想ではないかと思います。しかしながら、男である夫にとっては、その一途さ・常識破り・行動力は恐ろしい凶器にもなりかねないものです。男たちの生き延びるための保護色ともいえる、逃げやごまかし、脅しや腕力では抗しきれないものであります。ましてて『男と女』も彼女のメインテーマとなっています。現在大人気の小泉内閣が、構造改革を生命線と宣伝していますが、真の構造改革を実現するためには、現社会の土台である男社会の仕組みを、根本的に改革することなしには、砂上の楼閣で終わってしまうと思います。そのためには、理屈抜きに女の政治家をふやし、議員の半数を女で占める必要があります。

小泉純一郎が永田町の変人なら、黒岩ちづこは、天下の変わり者、ヘンテコおばさんです。こうした女に、国政の場でパフォーマンスでない、人間性にあふれた発言と行動を、思い切りさせてやりたいと願うのは、夫一人の思いではなく、たくさんの人たちの思いではないか、いやそうなってほしいと願うものです」

谷さんは長女萌実にも書かせた。

「母は、第一子に男と女の双子と願い、願い通り、私と弟を生みました。おかげで私は家族のなかでは『女であること』で不利益を感じることなく育ちました。これにはほんとうに感謝しています。私が学生時代、札幌で泊原発の試運転を止める運動にかかわったのも、地域で女性問題・障害児教育にかかわる母を身近にながめていたからです。双子プラス五人の子どもを産み育てながら、保母、不登校の子どもたちのスペース、そして老人福祉と、場所・形は変わっても社会的弱者ととことん全身でかかわっていこうとする態度は母の本能だと思っています。時には、あまりに裏・表のない率直すぎる物言いに仰天させられることもありますが、それも、国会議員になった今、一種の『素質』だと思っています」

このようなさまざまな推薦状のほかに、メールで知人に推薦状を送ってくれた方もある。メールはとってもありがたい存在だった。何人かの方はメールでの推薦状を私にも送ってくれた。それを読むと、その方がどんな思いで選挙活動をやっているかがわかり、胸がいっぱいになる。

ゼッケン姿の七人の子ども

七月一二日が公示日だった。前日の夜、「事務所開き」ということで、翌日からの選挙への気持ちを一つにまとめるパーティーにしようということになった。七月はじめから泊まりこみでやってきている矢野正樹さんは、長女萌実の大学新聞の後輩で、釧路からはるばるき

4月に沖縄・伊江島を訪れた。左から2番目が
三線を持って駆けつけてくれた東浜光雄さん。

てくれて、友人の家に泊まっていた。七月九日に沖縄から、勝連《かつれん》町議・東浜光雄さんが三線《さんしん》を持ってきてくれた。

一一日の前夜祭には、中村敦夫さんのお友だちで前弁護士会会長の前田知克さん、「わいふ」編集長の田中喜美子さん、新潟からきてくれた「共に育つ会」の坂西《ばんざい》茂男《しげお》さんなどから激励を受けて、闘志を燃やした。そのあと、東浜さんの三線に合わせて踊りがはじまった。事務所の狭い空間で、やっと動けるスペースで、沖縄の踊りを踊った一人ひとりの心のなかでは、明日からの選挙戦に向けての闘志がわき起こっていたのだろう。

一二日、出陣式は新宿の東南口階段下、街宣車で到着したら、もうすでにたくさんの支持者のみなさんが待っていてくれた。同級生、同窓

で、人垣ができた。堂本さんはテレビ局でディレクターをしていた特技を生かして、ゼッケンつきの子どもたちにインタビューをした。いちばん笑いを誘ったのは次のやりとり。

「子どもが七人でいやだったこと」に対して三男乙水《いつみ》はこう答えた。

「食糧事情と部屋割りの事情が困難だった」

堂本さんはそれを受けて、

「食糧難にしては背が高いじゃないの。でも長男は伸びられなかったのね。なるほど」

実際男の子は、下にいくにしたがって背が高くなっている。上の双子はよく言っていた。

「あのころはおかずはいつも一品だけだった。冷や奴だけなんていうときもあったからなあ」

また、下の子たちに個室がまわっていくには、上がどんどん出ていくことが必要だった。七人目が生まれるのに猛反対を唱えた長男は、これ以上増えたら、もっと物が買ってもらえなくなるというのがいちばんの理由だったのも懐かしい。

三木さんは、「こんな方を落としたら、みなさんが損をなさいますよ」などと、八四歳とは思えない元気さで話してくれた。二回目にきてくれたときなど、自分のことを「七四歳になって」と言うので、隣にいた私が「八四歳では？」と言うと、「そうそう六四歳でしたね」と切り返す機転の利きようだった。元総理夫人として広く社会的に活動しているので、一目見たいという感じで集まってくる方も多かった。

私は、実は三木さんよりも、その娘の高橋紀世子《きせこ》さんのほうが早くに知り合っていた。徳島選出の参議院議員で、議員会館の部屋が二つおいた隣だったのだ。委員会は違うのだが、本会議の帰りには一緒になることが多かった。話してみると、夫が医者、息子が秘書、という共通点があったし、考え方も近いと感じられた。彼女は「無所属の会」という会派に属しながら、同じ名前の政党には属していなかった。政党に属せば政党助成金がもらえるのに、あえて属さないところが、クリーンなイメージで知られる父三木武夫譲りということなのかもしれない。いや、彼女のポリシーなのだろう。

三年前に当選して一年もしないうちにくも膜下出血で倒れて、九カ月も意識不明のままだった。奇跡的に回復して今では何事もなかったかのように活躍している。彼女と知り合って何回か話しこんだころに、私は睦子さんに会いたいと切り出した。すると早速その場で連絡をとってお宅にうかがう日を決めてくれた。

渋谷の南平台にある「三木記念館」という昔の洋館を思わせる建物に足を踏み入れ、そこでうかがった睦子さんのお話は、建物から受ける印象とは相当違っていた。どういう話の筋道だか忘れたが、「自分の部屋に鍵をかけたことがない」と言う。しかも、泥棒に入られたことは何回もあるという。私は自分と同類の方だとわかってうれしくなり、『レ・ミゼラブル』を読んで以来、「すべてのものは神のもの」と鍵を全廃したいきさつを話した。するとこう言われた。「私、あの話、嫌いよ。だって神様が人のほしがるような高価な銀のろうそく立てなんて飾ってちゃ、おかしいでしょ?」

ほんとうだ。参った。

また、戦時性暴力被害者のための「女性のためのアジア平和国民基金」の代表をしていたことについて、辞めるにいたったいきさつを話してくれた。その日は私の都合で短時間で切り上げなくてはならず、ゆっくり話をうかがえなかったことが残念だった。とても八四歳とは思えない、すっと背筋を伸ばした背の高い方だった。そしてとらわれのない、何事にも動じない雰囲気をもっている方だった。何を言い出すかわからないから、夫の選挙のときには人前に出してもらえなかった、というのも私とそっくり、とおかしさがこみ上げてきた。

なにはともあれ、睦子さん、紀世子さん、立《たつ》さんの親子三代には、大変にお世話になった。

親子三代といえば、もう一組ある。七五歳、五一歳、二五歳という女三代の支援者。浜地《はまち》田鶴子《たづこ》、鈴木美和子、美穂母娘のうち、私が知っていたのは高校・大学の一〇年後輩にあたる美和子さん一人だった。彼女は新潟県長岡市の長岡技術科学大学の講師で、地元で知り合い、彼女の発行しているミニコミ誌「マイマイ族」に書かせてもらったり、その集まりに出たりという仲だ。

その美和子さんには、彼女が大学の女子卒業生の団体「さつき会」の理事をしている関係

選挙事務所でボランティアのみなさんと。
ふわっと包みこむような雰囲気に、元大地塾生たちもすっかりとけこんだ。左端が鈴木美穂さん。

で、その名簿による電話かけをお願いした。彼女の仕事が夏休みに入るや、ほとんど毎日事務所で、フルに能力を発揮していたようだ。娘の美穂さんは、パソコンの打ちこみが超人的だったようで、これもほんとうに助かった。ちょうど六月末で仕事を辞めたという幸運な事情で、事務所に早くからとけこんでいた。

田鶴子さんは家で電話かけ、そして公選はがき書き。なんと田鶴子、美和子母娘で、合わせて一二〇〇枚、自分たちの名簿で書いたそうだ。

選挙後に美和子さんの書いた文にはこんなくだりがある。

「六月一〇日のパーティーで、ものすごい人波を見た私は、すでに十分な応援組織が整備ずみに違いない、時間的に当てにならず、熟達した技能を持たない自分のような素人の出る幕はない、と早合点し……」

多くの方にこのような誤解を与えてしまうようなパーティーだったということだ。

この美和子さんは、さらに私に一人の「弟」を与えてくれた。彼女の高校の同級生、松川潔さん。彼は六月中ごろから、独特なビラまきのやり方で、名を馳せていた。一八〇センチほどの長身を折り曲げて、腰をかがめて懇願するかのようにビラを下から渡すのだ。

同じビラをまくのでも、まき方によって受けとり方が違うというのは、経験者は習得ずみだ。無愛想に差し出してもほとんど受けとってもらえない。事務所でその話が出たときに、演劇の素養もある敦夫さんのマネージャー内藤正則さんが、一人ひとりのビラまき姿をパントマイムで演じてくれたことがあった。このときにいちばん人気を博したのが、この松川さんの姿だった。両足を左右に広げて腰を曲げたまま相手に近づき、ビラをその人の体にそって下から顔のところまで持っていくのだ。そのとき、落っこちそうなめがねを鼻の下のほうにやっと引っかけて、目は真剣に相手の顔を覗きこむ。なんとかして受けとってもらいたいという心が体中で表現されている。事務所中に笑いが広がった。私の弟を自称するご本人も一緒に大笑いだった。

個性豊かなさまざまな方の参加で、楽しさも増していった。

ＷＩＮＷＩＮからの推薦を受けたこともうれしかった。赤松良子元文部大臣が代表で、下村満子元朝日ジャーナル編集長と北野蓉子日本女性航空協会理事が副代表を務めていて、各界で活躍している女性を中心に三年前にできたという。堂本さんも設立にかかわった一人で、知事選のときにはここの推薦を受け、多額の資金援助を受けたと聞いていた。私も堂本さんの出馬表明のときに会員になった。

二〇〇〇年の衆議院選では四人を推薦してそのうち三人が当選するという実績もあった。私が沖縄まで応援に行った東門美津子さんもそのうちの一人だった。一〇〇〇人ほどの会員は、推薦された人のなかから自分で選んだ人に一口一万円の資金援助をする、というシステムだ。推薦を受けたい人のなかから推薦をする人を決める選考委員は一〇人くらいで、六月半ばの日曜日にその選考会があった。

私は四時からの面接で、ホテルの一室に集まった選考委員の方々はそうそうたるメンバーだった。登校拒否児や障害者のことなど、さまざまな質問に答えたのだが「六人の子どもを女男の差別なく育てる実験」（ちなみに末っ子は「教えないで育てる実験」をした）にいちばん関心が集まったようだった。それはなぜ女を議員にしたいのかという中心的な問題に直結するテーマだからだと思う。下村さんのようにジャーナリスト出身である方からはもちろん、そうでない方からもどんどん質問が出て、「面接試験」であることなどすっかり忘れて話しこんでしまった。

終わってからのみなさんの話では、「朝からずうっとやってきて、疲れたから三〇分くらいでやめましょうと言っていたのに、刺激的なお話がうかがえて、一時間があっという間に過ぎちゃったわ」ということだったらしい。その結果、選挙区では五人の推薦者のなかに入れていただくことができ、多額のカンパをいただくことができたのはとてもうれしかった。

さらに赤松さんが二回も街頭に立ってくれたほか、樋口恵子さん、WINWIN副代表の北野蓉子さんも街頭にきてくれた。それぞれ力強い応援をいただき、ほんとうにうれしかった。

WINWIN代表の赤松良子さんと千葉県知事・
堂本暁子さんも応援に。
エネルギッシュで素敵な女性たちだ。

なんと田中秀征さんも応援に。
早速マイクを持ってもらった。

驚いたのは、選挙期間があと一日と押し迫った七月二七日に、渋谷駅に田中秀征元経済企画庁長官が現れたことだ。敦夫さんから、彼はこの選挙にはかかわらないと言っていた、と聞いていたので、私は彼の姿を見て狂喜した。早速マイクを持ってもらった。「六年前に無理を言って選挙に出ていただいたので、その責任上やってきました。私は小泉首相の構造改革を支持しています。この改革には痛みがともないます。その痛みの手当てをするのがこの黒岩さんです」という、実にすっきりした内容だった。

六年前に新党さきがけから立候補したときの同志だった方々は、ほとんど民主党に行ってしまった。その何人かとは親しくしており、「民主党から出ないか」との声ももらった。無所属で出ることを報告したときにとっても残念がってくれた方もある。ともかくあのころの方で民主党に行かなかったのは井出正一さんと田中秀征さん、あとは比例区で当選した堂本さんと水野誠一さんのみだった。水野さんは同じ投票日だった静岡県知事に立候補したので、残る三人はみな応援してくれたことになる。私は六年前の新党さきがけは、大好きだった。あのときの感動は今でもよみがえってくる。

それまで政治は汚いもの、うそごまかしの世界だと決めつけて、新聞の政治欄も読むことがなかった。だから、そのときまで田中秀征という名前すら聞いたことがなかったのだ。それほどの政治音痴が堂本さんの紹介で話してみた、あのころのさきがけのメンバーは、「日本を変えるにはどうすればいいか」という問題意識できらきらしていた。私の周りの方々も「今日本を変えていけるのは新党さきがけしかない」と言っていた。その後もよく「あのころのさきがけが好き」と言われてきた。そんなさきがけがなぜ壊滅してしまったのか。私なりの結論は、与党に入ってあの巨大な官僚組織を自民党の抵抗にあいながら変えていくには、まだまだ力不足だったということだ。自分たちの力に対する過大評価があったのでは、と思わざるを得ない。今回の選挙の過程で、「日本の政治を悪くしたのは細川護熙《もりひろ》と武村正義だ」と言われてしまった。それもうなずける。あのころ、多くの人がこの二人に期待を寄せ、それが裏切られたという感情をもたれても仕方がないのだから。

もう一つ驚いたのは、日本経済の高度成長を支えてきた日本興業銀行会長だった中山素平《そへい》氏が、「私の名前をどこに出してもいい」と言ってくれたことである。四月末、九五歳という高齢の中山氏を訪ねたら、その場ですぐに言われたのだった。黒岩ちづこをなぜ中山素平氏が？とすべての方が驚きを隠さない。それもそのはず、私の経歴と彼の経歴はあまりにも違いすぎるのだから。接点があるはずがないと思われても仕方がない。

ところが接点があるのだ。中山氏は、私の住んでいる大和町に国際大学を創立した方なのだ。国際大学は、企業人の国際性を高めるためにということで、財界によって一九八二年に作られた。当時彼は臨時教育審議会の副会長として地域の教育要求を知りたいということから、町立大和病院の院長をしていた夫・卓夫を窓口にして私の周りの「共に育つ会」のメンバーと教育についての懇談会をもって以来のつきあいだ。

六本木にある国際大学のオフィスを訪ねた私に、彼ははじめにこう言った。「ご主人には大変お世話になっております」。「エッ？」と聞き返すと、「国際大学の職員も学生も病院でお世話になりました」。そういうことかとやっと理解した。そういえば「文化果つる土地」と表現した国際大学職員があったほどのこの地に、病院があるからということで、かろうじてここに大学を建てることにしたと聞いたことがある。

それ以来、中山氏はこの町をたびたび訪れ、私たち夫婦の活動を目にしてくれていたのだろう。わたしは彼の言葉に狂喜した。弾む気持ちを抑えながら家路についたのを覚えている。

彼はこれまで一度も選挙にかかわったことがないということを耳にしていたのだから。

ところが、そんなことを言ってくれる方がほかには現れない。やっと「名前を出していい」と言ってくれたのは、小児科医で若いお母さんたちにファンが多い毛利子来《もうりたねき》氏だけだった。これも後になって聞くところによれば、今回の選挙では、ほかには誰にも言わない言葉だったのだという。女性の名前もほしいと思い、何人かこれと思える人にあたってみたが、皆断られてしまった。せっかくこの二人から快諾を得ているとはいえ、ほんの五、六人の名前しか出せないのでは、かえって逆効果になるだろう。せめて二〇人くらいの名前を出したい、と思っていた。

ところがどんどん日は経っていく。そうこうするうちに東京都議選に入ってしまい、いつのまにか公選はがきも選挙期間中にまくチラシもできてしまっていた。せっかく快諾してくれた二人になんて言えばよいのか。あれこれ考えているうちに、中山氏の代理として、国際大学の副理事長が会館を訪ねてきた。「中山先生の名前が入っているチラシをいただきにきました」。穴があったら入りたいとは、こういうことを言うのだろう。青ざめていくのが感じられた。「ごめんなさい」。ひたすら謝るのみだった。そのうえ、多額なカンパまで！　選挙が終わったら、ゆっくり謝りに行こう、と心に決めた。そして実行した。さすが、あれだけのことをしてこられた方だけあって、名前を使えなかったことについて責めるようなことは、なにも言わなかったばかりか、「テロのことなんかにもキチンと発言してくださいよ」と励まされて帰ってきた。

テロについての彼の考え方は、「アメリカのやり方は間違っている」というものだった。武力をもってのあのやり方では、テロの撲滅はできない。その点で、私の考えと共通していた。私はこのことについては九月一一日のニューヨーク世界貿易センタービル事件以来、考えつづけてきて、そこここで発言もしてきた。ブッシュ米大統領のやり方はまさに男のやり方で、「北風より太陽」のやり方を知っている女たちなら、ほかの方法でテロ集団を発生させないように力を合わせることができるのではないかと、一〇〇年、二〇〇〇年のスパンで考えている。

公開討論会ならお任せ!――女の立場で

選挙がはじまる前に三回の公開討論会があり、私はそのどれにも参加した。

はじめは女性グループが「女性問題に関する公開討論会」を開いてくれた。これはとってもうれしいことだった。私の独壇場になるのではと期待した。なぜなら女は私一人だったのだから。実際は東京選挙区から女が三人立候補したのだが、畑恵さんはそのころまだ出馬表明していなかった。もう一人の女性党の候補は呼びかけられながら、なかなか応答がなかったために権利がなくなったという。

しかし、当日になってみると、候補者になっている人たちは「さすがプロ!」と言える方たちばかりである。女性政策なんていっても、みなさんそれなりのことをおっしゃる。理論としてはなんでも言えるのだなあということを発見した。たとえば、公明党の山口なつおさんは自分の母親や姉のことは仕事をもっていると言ったが、妻のことは言わない。みなさんが家のなかで、妻とどのような関係で生活しているのかということを聞いてみたらいちばん面白かったのではないかと今にして思う。

このとき聞かれたことの一つに、「さまざまな女性の問題は複雑にからみ合っているようだが、そのなかでこれぞと言えるものは何ですか?」というのがあり、私は「クオータ制」と答えた。

これは「割り当て」ということで、審議会などの構成員の「何パーセントは女性」とすることである。議会でも、北欧のスウェーデンとノルウェーでは、各政党が候補者の半分を女性にするという形で、このクオータ制が実現した。これらの国では議会がすべて比例制なので、各政党が候補者の名簿順位を男女交互にすることによって、簡単に半々を実現してしまった。小選挙区では、イギリスの労働党のように自分の党が強い地域に女性を立てることで、一挙に女性の数を増やした例もあるが、ふつうは小選挙区へのクオータ制の導入は難しい。

しかし、そのようなクオータ制に対する、男性たちの反発はすごいものがある。イギリスでは労働党の女性が当選した地域で、男性たちが自分の被選挙権の行使を奪われたと訴訟を起こしているとも聞いている。実際この日も、公開討論会のあと、私の支持者が食事をしながらクオータ制をめぐって激論を戦わせたという。私の言ったクオータ制の是非をめぐって、賛否が分かれたというのだ。

私は、アメリカで黒人たちのハンディを解消するために、大学にクオータ制をしいた意義は大きいと思っている。四分の一は黒人にというような割り当てがされたことで、たくさんの黒人大学生が誕生し、彼らが必要な情報をたくさん得られるようになった、ということがあると思う。

女性の議会進出だって、同じことが言えるのではないだろうか？　今のようなやり方では女性の進出は遅々としたものだ。そのために男たちがやってきたことがどんどんほころびてきているというのに、その手当てができない。女たちが進出して、暮らしや命を大切にしていく方向で構造改革をしなくては、手遅れになると思えてならないのだ。それにはクオータ制のようなやり方しか考えられない。社会経験や財力の点で明らかに差のある女たちが、今のままでは男と同じスタートラインに立てない。そのスタートラインを整えるのがクオータ制だと思うのだ。私だって出ていってみてはじめて、なんだ、これならやれるぞって思えるようになったのだから。

次に行われたのは、マイノリティーに関する公開討論会だった。これこそは面白そうに思えた。人材育成コンサルタントの辛淑玉《シンスゴ》さんの企画で、ゲイのグループ「すこたん企画」などとともに実行委員会を作って開いたこの会は、新橋駅前のほんの三〇人ぐらいしか入れない小さな食堂の二階で行われた。あらゆる政党、候補者個人に呼びかけたそうだが、大政党の東京選挙区の候補者は一人も現れなかった。主催者から聞かれることは人種差別、性差別、同性愛などまさにマイノリティーについてのことだった。私にとっては小さいときからいつも考えてきたテーマだった。部落差別を知ったときに、これは女の問題と同じだと直感した。差別がより下の階級を作りだすのだ。差別されている男ほど、家に帰って妻をいじめる。そんな構造と部落問題は通じていると思った。

このとき上田哲氏がこんな発言をした。

「私のうちは夫婦が愛しあっていたから問題はないのですが、妻は去年亡くなってしまって……」

そのときすかさず、私が口をはさんだ。

「男がそう言っても、女がどう思うかを聞いてみなくては、真実はわからない」

するとと上田さん、「亡くなった妻に対してそんなことを言うのは失礼じゃないか。謝りなさい！」と、烈火のごとく怒鳴りあげた。「お亡くなりになったのは、ほんとうにお気の毒ですが」とか、前置きをしてから本論に入ればよかったと、少し反省もしたのだが、「一般論を言っているので、謝る問題ではない」と、つっぱねてしまった。司会をしていた辛淑玉さんがうまくとりなしてくれて、討論会は続行された。

私には少々後味の悪い出来事だったのだが、半年後にある会合で出会った若い女性が、「私も候補者だったのであなたの隣に座っていた」と前置きをしたうえで、「上田哲さんに対してあなたのおっしゃったことが、私たち女の言いたいことを言いつくしていたので、感動しました」と言われ、驚いたのだが、改めてそのときのことを思い出すことができた。

このときにかつて読んだ本の著者、伊藤悟氏に会った。彼の著書は『男ふたり暮し』『男と男の恋愛ノート』というもので、その冒頭の言葉が忘れられない。

「ぼくは同性愛者である。この十文字を原稿用紙に書けるようになるまで三九年かかったことになる」

私ははじめこの文を読んだときに、なぜ？と一瞬思ったのが事実である。ところがこれらの本を、私がいつものように町の仲間たちに「押し売り」してみて、この言葉の真実がしっかり伝わってきた。

「本の押し売り」について解説しよう。この地にきて、本というのは本屋で手にとって見て買えるという「常識」を捨てた。手にとって見るような本がほとんどないのだから。そこですべての本を注文して買う。書評や人からの紹介で、これはと思うものを買うのだが、最後まで読みつづけられるような本にはなかなか出会えないのが実際なのだ。そんな地域性から、私が読んで面白かった本は大量に取り寄せて、喜んでくれそうな人に「押し売り」をしているのだ。

さてこの二冊の本を配りに歩いたときに、私の友人が留守だったので、出てきた彼女の父親に渡してこう言った。「もしいらなければ遠慮なくお返しください。買っていただいても結構です」。すると、その方は帰ってきた娘に、「そんな本早く返してしまいなさい」と言ったというのである。私がもっと常識を身につけていたなら、こんな渡し方はしなかっただろうとあとになって思った。

私は、自分の長女が中学の教員として、担任のクラスにいたゲイの男子と非常に豊かな関係を築いてきていたので、なんの抵抗もなく同性愛というものを受け止めていたのだった。この老男性の反応こそが、この土地における「常識」だということにやっと気がついたというわけなのだ。

当日は、「伊藤さん、あなたに出会えてうれしい」とのメッセージを伝えることができた。また、私には在日朝鮮人の友だちが、何人もいる。金嬉老《キムヒロ》事件以来、彼との文通も続いた。さまざまなマイノリティーの方とのつきあいがあるので、このときの公開討論会は私にとっては心地よいものだった。

それに反して、翌日行われた青年会議所が主催する公開討論会はかなり大変なものだった。というのはどう見ても質問を作ったのが男だとしか思えない内容なのだ。そしてまたしても私以外はすべて男だった。今回は八人の男性とともに数問の質問に答えた後、一人三分ずつなんでも話していいという時間が設けられていた。中央に用意されたマイクの前で一人ひとりが言いたいことを言うのだった。

私はまず、「今日の質問は男だけで作られたものであると思いました。なぜなら、女であれば関心をもたざるを得ない、教育や福祉のことは聞かれていない。実行委員のなかに女の方が二人おられるけど、その方たちはもっと積極的に意見を言ってください」と言い、そして私がいちばん関心のあることを話しおわると、拍手が起きてしまった。

公開討論会の規則として拍手は禁止されているのだ。にもかかわらず自然発生的にわき起こってしまった拍手だった。禁止を破ったということに対するリアクションによるのか、私のあとで話した候補者の方にも同様に拍手を送った聴衆のみなさんの知恵、または思いやりがうれしかった。

家族の参加

一般的に女が議会に出ようとするときに、いちばんのハードルは家族、なかでも夫、といわれている。だが、わが家の場合はどうやら反対だ。今から二〇年くらい前になるが、当時の社会党から衆議院の新潟三区で出馬しないかという話を、夫がもってきたことがある（私に言う前に夫に言うというのが、いかにもこの土地の習慣を理解する助けになると思われる）。そのときの夫のうれしそうな顔を思い出す。このときには結局、町の仲間たちと話し合って断ることになった。

六年前に新党さきがけから立候補することになったとき、夫はちょうど二つ目の診療所の竣工式とぶつかっていたのだが、一緒に上京して党首の武村正義さんとの会談に同席してくれた。次々点で落選したあと、折に触れて「秩子には一度やらせてみたかった。ふさわしい役柄だと思うのだが」と言っていたので、今回の繰り上げ当選をいちばん喜んだのは夫だったように思う。それには当然のことながら、家事に関して自立しているという裏付けがある。

私の繰り上げ当選をいちばん喜んだのはわが夫。
私からマイクを奪って応援演説。

今回、選挙に出ることになってからは、自分の名簿で電話かけをはじめ、ずいぶんとがんばってくれた。東京と新潟と離れていたそのころ、毎日夜になると電話をかけあって、お互いの一日を報告しあうのはわれわれ夫婦の日常のことなのだが、そのうち秘書の長男と電話で長いこと話し合うようになった。二人はそれを「家族選対」と名づけていた。

はじめての公開討論会のときには心配だったのだろう、上京してきて、いちばん前で聞いていた。翌朝は仕事に間に合うように朝五時半に出ていくのだった（上越新幹線浦佐駅は、東京駅から一時間四〇分しかかからない）。七月の選挙戦に入ると、毎週上京してきて街宣につきあったり電話かけをしたりしていた。

子どもたちの協力については先に述べた。

「七人の子ども」を売りに出すことに対しては賛否両論があった。

「七人も子どもを産むなんて、産児制限を知らない無知な女と思われるだけよ」「七人子どもを産むことと政治とどんな関係にあるのか」「母性を売りに出すなんて時代錯誤だ」「子どもを産めない人に対してはひどいことなのでは?」などなど。

他方、それこそが「売り」だと言う人もあった。実際街宣車で道を回っていても、ほとんど関心を示されないのだが、「七人の子ども」という言葉が出ると「えっ!」とふり返る人がいるのだ。話の内容に対してはほとんどふり向かれることがないのとあまりにも対照的で、まずは関心をもってもらおうという意識が先行してしまったのかもしれない。

なにはともあれ選挙戦終盤になると、少しは関心が高まってきて、交差点などでゼッケンをつけた子どもたちが手をふっていると、手をふり返してくれたり、ものめずらしそうに足を止めてくれたりするようになり、子どもたちも交差点での人の流れにそって、前を向いたり後ろを向いたりして、楽しくなってきて、なにやらお祭り気分にさえなってきていた。

そんな風景は公選はがき(選挙期間に公費で出せるはがきのこと)のなかの「七人の子どもを産み育てた」という部分をわざわざ消して出したというような人から見ると、ずいぶん不謹慎なものに見えたのではなかろうか? また、産めない女の方や、産むことを選択しなかった方たちから見たときどうなのかということにも、もっと配慮すべきだったと思う。

しかし、こんなこともあった。六年前の選挙のとき、比例区の政見放送は、武村党首が一〇人の候補者を一人ずつ紹介するという形だった。そのときに武村さんは私のことを「七人の子どもを産み育てた」と言った。その後すぐに九州から電話があって、「私はそのことだけであなたの支持者になります」と、五〇歳くらいの男性の声だった。「今の女たちは子どもをろくに育てることができない」。そんな言い方だった。その言い方には気になりながらも深く追求せずに手紙のやりとりをしていた。しかしいつのまにか住所がわからなくなって音信が途絶えた。

ところが、今回の選挙が終わって何カ月も経ってから、彼から電話がかかってきた。「脳卒中で倒れて半身不随になり、今障害者施設に入っている。そこの図書室であなたの本を見つけたので電話してみた」と言う。その本には、私が持ち主にプレゼントしたことがわかる「青木紀子さんへ」との文字があったという。その施設は神奈川県にあり、私が議員になったことも選挙に出たことも知らないという。

早速私は、魚沼のこの町で、一緒に保母をやっていたことのある青木紀子さんに連絡した。彼女は息子さんが交通事故で身体障害者になっていて、その施設に時々出入りしているという。そこに行ったときにその本を置き忘れていたのだろうというのだ。近々行くので彼に会ってくると言ってくれた。私のことを何も知らないはずの彼と、彼のことを何も知らない私のあいだをつなぐ役目を、紀子さんは喜んで引き受けてくれた。行ってきての報告を聞いて驚いてしまった。彼がものすごくよく政治のことを知っているそうで、一九六〇年ごろからの首相のみならず、こまごましたことまで知っていて、五〇歳くらいの人だと小学生時代のことだからとかなり驚いていた。そんな政治に精通している人が、七人の子どもというだけで支持者になるというのはどういうことだろう?

選挙というのは、なにを言っても、それがいいという人とだめという人がいる。プラスマイナスして、多いほうをとるしかない。それが票をたくさんとる方法なのだ。ところがそのような判断ばかりをすると、メジャーな価値観のほうに流されていく危険性がある。そこがいちばん難しいところだろう。

選挙が終わった直後に、一九七〇年代のウーマンリブの運動が盛んだったころ名を馳せていた「闘士」から批判の手紙が届いた。「いまや男の子育てが問題になっているときに、母性を説くのはずれているのでは?」というものだった。「ほかにいい人がいなかったのであなたに投票はしたのだけど」との前置きがあった。私は誠意をこめて返事を書き、私の著書『わがまま?いじめ?勉強?=何も教えない子育て』を送った。そのなかに「女であることにこだわりつづけて」という一章があるので、それを読んでほしいと書いた。まだその返事は手にしていない。

しかし、多くのみなさんが「七人の子ども」に対して大きな興味をもったというのと同じように、国会議員たちもこれには想像以上の関心を示した。前述のようにはじめての委員会質問のとき、「七人の子どもを育てながらフルタイムで働いている」と前置きをして質問をしたら、その委員会が終わるや、何人もの議員たちが私に話しかけてきた。「七人とはすごいですね。男が何人？」「それぞれ何歳？」「いくつのときに産んだのですか？」などなど。与党席からもやってきて話しかけられたのには驚いてしまった。

とはいえ、そもそも選挙のときに女の候補者には一男二女の母などと書き、男の場合にはなにも書かないということに対して、おかしいと思いながら生きてきたのに、今回自分の選挙で「七人の子ども」を前面に出したということは、批判されるに値するのだろう。これからも考えつづけていきたいテーマだ。

出口調査八位——落選

出馬表明をしたころはまだ森喜朗氏が首相だった。三月二五日の千葉県知事選では無党派女性候補の堂本さんが当選する風が吹いていた。堂本さんのときだってはじめのうちは「泡沫候補」と言われていた。それが当選にこぎつけたのだから、私だってもしかしたら、という思いがあった。ところが、小泉首相になってからは、まったく風向きが変わってきた。

六月二四日の都議選の結果を見ても、私に有利な材料はなにもなかった。あったとすれば、生活者ネットの女性が六人全員当選したということぐらいだ。しかしこれもよく聞いてみれば、民主党の応援あってのことだった。堂本さんだって一週間前の世論調査では三位だったのに一位までいったんだからとか、最後の三日で風が吹くとか言って、自分を奮い立たせていたが、一向にその気配はなかった。

七月に入ると朝日新聞東京版が候補者一一人へのアンケート結果を毎日一つのテーマごとに公表しはじめた。「景気対策」「首都における渋滞対策」など。一日目のアンケートを見たとき、私はゾッとした。ほかのみなさんが六行びっちり書いているというのに、私の欄だけ「自転車専用道路を作る」と一行だけなのだ。秘書の宇洋も「すぐに新聞を閉じた」という。

忙しい真っ盛りに、たくさんのマスコミからのアンケートがたてつづけにくる。どこも同じような質問。なんとか統一してくれないものだろうか、などと思いながら、仕方なく答えた回答がそのまま公表されてしまったのだ。もちろん「紙上で公開します」と書かれていたのだから、責任は私のほうにあるのだ。

敦夫さんはあとで「あれで一〇万票は減った」と言った。実際選挙事務所にも何通もの抗議や疑問が寄せられたという。ボランティアたちも、この応対にはかなり窮していたらしく、ただただ申し訳なかったと頭を下げるのみである。

街頭で、「お母さんの困ったところは？」との質問に対して、秘書の宇洋は「アンケートに素直に答えること」と言った。それを受けて、そのとき司会をしていた、選挙のプロといわれる斎藤まさしさん（市民の党の党首で、堂本さんの県知事選で活躍した）は、「エッ？候補者自らが書いたのですか？　すばらしい。そんな人はいませんよ。みんなほかの人に書かせるのですから」と慰めてくださったが、気休めにしかならない。

そしてとうとう二四日の世論調査結果で、私は八位ということになっていた。見た瞬間、血の気が引けていくのを感じた。その朝、恐る恐る事務所に入っていったが、そこにいるボランティアのみなさんは、何事もなかったかのように、いつものようにきびきびと仕事をこなしてくれていた。頭が下がる思いだった。

選挙戦最終日、もうここまできたら地のままで行こうという開き直りができるようになっていた。堂本さん、赤松さん、三木さんをはじめ多くの方がきてくれた。私は二、三日前から鼻の頭が赤くなっていた、夫の診断によれば火ぶくれということだった。まったく雨が降らない猛暑のなか、みなさんにはほんとうに大変なことだったのだが、更年期障害で血液循環が悪くなっていた私には、この猛暑はなによりの薬で、長年着ることができなかった半袖を着られるようになり、ほとんど回復してしまった。

私の更年期は一一年も続き、ひどいときには部屋のなかでも手袋をし、水仕事ができない時期もあった。足の具合が悪くてうまく歩けない時期もあり、治療機関回りをしていた時期もある。五年ほど前からホルモン補充療法をはじめて、部屋のなかの手袋がいらなくなった。そんな私がさっそうと歩いているのを見て喜んでくれる人がたくさんあるくらいだ。以前には持てなかったような重いものが持てて、われながら感動している。

この更年期障害にとってのいちばんの薬は、国会・選挙活動だったようだ。考えていることを発表すると、それを真剣に聞いてくれる人がある。これがストレス発散になったのだと思う。そしてこの治療の最後の仕上げが、猛暑だった。最終日には火ぶくれがつぶれて血が出ていたのだが、そんなことはまったく気にならず、私の元気さは周りの人を驚かせていた。

選挙戦の最後は、はじまりと同じ新宿東南口階段下だった。私たちがついたころにはもう大勢の方が集まってくれていた。一人ひとりよく見ると、ほとんどが知っている方ばかり。すっかりアットホームな気持ちになってしまった私は、まったくありのままの姿で話すことができた。その日、仕事の都合でどうしてもこられなかった次男をのぞいて六人の子どもが展示物よろしく並んでいた。その子たちに向かって私は、「高校時代、停学を食った人、手をあげて」。長女、次女、三男、四男が手をあげる。バイクでのスピード違反、万引き、飲

ショッキングピンクのＴシャツを着て、猛暑のなか毎日街頭に立ってくれたボランティアのみなさんと中村敦夫さん。

酒などで過半数の子どもが該当者だ。「子どもたちが悪いことをしたときこそ、大人たちが反省させられ、親として一回り成長させてもらえます。そのときに、親子の絆もしっかり結ばれるのではないでしょうか?」と結んだ。

堂本さんが応援演説のなかで、「秩子さんは、子育てに仕事に、ご主人のご飯も作って」と言ったとき、私は持っていたもう一つのマイクで割りこんだ。

「夫のご飯は作りません。夫が高校生の弁当と朝食を作っていました。私は子どもはしつけなかったけど、夫はキチンとしつけました」

すると夫が私からマイクをとって、「しつけられたわけではない」と反論。「子どもたちとのつきあいには、そのころしていた洗濯よりも料理のほうがいいと考えた」のだという。

聞いている人たちのなかに微笑みが広がっていた。そしてそのとき、街宣車の後ろのパチンコ屋さんの広告に、7という字が三個並んでいるのを誰かが見つけて、敦夫さんの作った7という字の看板（七人の子どもを意味する）と呼応しているかのようで、これも笑いを誘っていた。

夜八時、長い選挙期間の終わりがきた。あとは天に任せるのみだ。ところが、その日の午前中から「今日で終わりなんてつまらない。もっとやりつづけたい」と言っていたアルバイトのうぐいすさんたちが、事務所に向かって走りはじめた街宣車の窓から肉声で外に向かって叫びはじめた。「黒岩ちづこは子どもたちの言葉にならない声に耳を傾けます」などと、すっかり身についた宣伝文句を事務所までの三〇分間叫びつづけたのだった。

七月二九日、いよいよ投票日。もう選挙活動は終わった。でも、個別候補への投票依頼さえしなければ、「投票に行ってください」という言い方は許される。そこで、私は朝から事務所に行って投票に行くことをお願いする電話かけをはじめた。私の高校の同窓会名簿で、今まで留守で通じなかった若い世代が対象だった。五〇人かけて私の名前を知っている人は一人か二人というのが実情だった。これこそが私にとっての世論調査、当選し得ないという現実を受け止めざるを得なかった。

その日一日電話かけをしてみて、いかにこれがしんどい作業であるかということを実感することができた。もちろん候補者自身であることを名のってかけているのだから、怒鳴られるなんていうことはなかったのだが、かけてもかけても砂をかむような反応ばかりであるということが、いちばんしんどいことだった。私でさえそうなのに、他の人がかけると、「憲法九条をどう思うか」「歴史教科書問題をどう考えるか」など、いろいろな知識を確かめられて、「そんなことも知らないで」などと怒鳴られるとあっては、ほんとうに大変なことだったと恐縮するばかりだった。選挙後に書いたボランティアのみなさんの文にも、一様にそのしんどさが書かれていた。

八時ごろ、もうすでに出口調査の結果で八位であることがわかってしまった。最下位当選の人が六五万票で、私が一七万とあっては、どうにも手の届かないところだった。そのおかげで、ああすればよかったこうすればよかったという後悔がまったくなかったのが幸いだった。

考えてみれば、はじめから五カ月のつもりで上京したのだった。楽しい選挙戦をさせていただけて、すべてのみなさんに感謝あるのみだ。敦夫さんも終わった直後に「ごめんなさい。でもこんな楽しい選挙は、はじめてだった」と言っていた。中村一家にはほんとうにお世話になった。息子の九車《きゅうしゃ》さんには、ずうっと街宣につきあってもらったり、ホームページを立ち上げてもらったり、パートナーの正子さんには、身の回りのことすべてに気を配ってもらったり、選挙期間には毎日事務所にきていろいろな気配りをしてもらった。九車さんは今でも続いているホームページの管理をしてくれている。

九時に事務所で敗北宣言をして、身を粉にしてやってくれたみなさんにお礼を言った後、すぐ近くの二次会会場に行った。そこに集まった人たちが一言ずつスピーチをした。一人が、「駅のホームでベンチに座っていたら、隣に知的障害者が座った。以前の私だったらそっと離れていたところだが、私はそこに座ったままその人に話しかけた。自分がこんなふうに変われたことがうれしかった」と言った。

「大地塾生たち」でも紹介したように、ひきこもりのみなさんも事務所にとけこんで、ボランティアの方たちがそのことを喜んでくれて、まるで大地塾が新潟から東京に引っ越してきたように思うことができて、私はとってもうれしかった。まさにマイノリティーが選挙のなかではごく自然に入りこむことができた、そんな選挙をみんなでしたということだった。

敦夫さんは前から言っていた。「ボランティア選挙なんていうのは、意見の対立やいろいろで、そのうちけんかになってグッチュグチュになりますよ」。ところがまったくそういうことは起こらなかった。それは、「違いを認めあう」という基本的な合意が、この選挙の大本にあったからだと私は思っている。

また宇洋が私の事務所にくる前、堂本さんの選挙を体験してきたということも大きかった。

彼は早くから言っていた。「お金をもらっている人には要求することであっても、ボランティアの方には違う」。いかにして気持ちよく協力してもらえるのか、ということにだけ神経を集中していたようだ。それでも、若さゆえ配慮が足りなかった点もたくさんあったにちがいない。しかし、私の知人の多くは彼の小さいときからの知り合いだし、私のことをなんといってもよく知っているということから、彼が秘書をやってくれたということは、私にとってかなり恵まれた環境だったということになるのだろう。

翌三〇日、お礼と三一日の打ち上げ会の案内をボランティアのみなさんにファクスで送った。ファクスのない方には電話で知らせた。「残念だったねえ」「悔しい！」「今度こそ絶対に当選して」などの言葉が返ってきた。それぞれの方の思いが伝わってきた。

三一日夜、敗北会だというのに、続々と詰めかけてきて、事務所開きのときよりも大勢になってしまった。用意していた食料が足りなくなって途中で買いに行くという、うれしい悲鳴だった。敦夫さんをして「今日は祝勝会じゃないんですよ。間違えないでください」と言わせるようなにぎやかさだった。私がちっとも落ちこんでいないこと、そして「ここでできた絆を大切に、議員でなくてもできる活動を続けていく」と書いたファクスの文が、そんな雰囲気を作りだしたのだそうだ。

八月二五日、私の魚沼の住処《すみか》で慰労会をすることを約束して、その日は別れた。

第6章　未来に向けて

前向きな敗戦処理——厚生労働大臣に会う

落選すると三日で追い出されるということは経験者から聞いていた。議員会館も宿舎も八月二日の午前で明け渡さなくてはならなかった。世話になったたくさんの議員、秘書、会館や宿舎の職員を訪ねて感謝の意を伝え、ボランティアのみなさんや協力いただいた全国のみなさんにお礼のファクスを流し、引っ越し荷物をまとめ、二日には宇洋《たかひろ》の運転する車でここ新潟の浦佐《うらさ》に帰ってきた。いちばん驚いたのは、夜中にトイレに起きたら、スイッチの位置がわからなくなっていたことだった。そんなに長く家を空けていたのか。ほぼ半年だったのに、なんて充実した日々だったのだろう。

東京に行く前は国会活動で手一杯のはずだから、選挙になど出ないと言っていた。だがはじめてみると、かなりやれるということがわかった。周りの人たちは私の体のことを心配してくれていたが、なんともないばかりか、まだまだ余力があると感じていた。周りの方々の配慮あってのことなのだが、自分自身こういう活動は私に向いていることを実感した。

敗戦処理とは、世話になったたくさんの方々に感謝の気持ちを伝えることもさることながら、やりかけていた問題を、議員でなくてもできるやり方で追求することでもある。私は大臣や、官僚たちに会って、私に対して行った答弁の内容をどのように実現していくのか、確かめることからはじめようと思った。厚生労働大臣室の秘書官は、忙しい大臣の日程をやりくりして、八月一〇日に一〇分の時間をとってくれたばかりか、点字図書館の問題で、障害福祉課長との面会時間も同じ日に設定してくれた。

坂口大臣は会うなり、「東京は難しいですね。今度は新潟で出てください」。「新潟では悪名が高くてだめなんです」と笑いあった。そして自分も二回落選したことがあるとのことだった。中央での役職などが忙しくなって地元に帰る回数が減ると、落選するという。公明党でも、そうなのかと驚いた。その後、こんな会話となった。

「お心のこもった質問をたくさんしてくださって、ありがとうございます」

「お心のこもった答弁をありがとうございます」

落選後にも坂口厚生労働大臣に面会し、無年金障害者問題の解決を訴える。このときはすでにめがねをかけている。

「でも答弁が食い違っていたんですよね。役所の人と私と」

「その食い違いはどうなりましたか?」

「難しいです」

それからまた、私なりにいろいろなルートを探ってみて、私の古くからの友人である民主党の今井澄《きよし》さんにお願いしてみた。すでにはじまっている裁判について、原告側がどのような論理でやるのか、また財源はどうするのか知りたいということで、弁護団から意見陳述や訴状を送ってもらい、一〇月一八日に、厚生労働委員会で質問してもらうことができた。

「私の学生時代からの親しい友人であります黒岩秩子さん」の六月七日の質問に関する今井氏の質問に、大臣はこう答えている。

「黒岩前議員がお取り上げになりまして、また選挙が終わりましてからも、私の部屋にお越しをいただきまして、お話をもう一度させていただいた経緯もございます」と前置きをしたうえで、障害福祉部と年金局で検討を進めているが結論にいたっていない。いろいろな意見が出ているようだが、早く議論を詰めるよう願っている。またそれに対してどうするかという決断もできるだけ早くしたいと思っている、とのことだった。

この日はちょうど、新潟地裁で、遁所《とんどころ》さんほか一名を原告とする初口頭弁論期日だった。私はそちらに傍聴に行っていた。四二席しか傍聴席がないために、くじ引きで半分くらいしか入れなかった。新潟ではかなり前から障害者運動が盛んで、重度の障害者どうしで結婚して二人の子どもを育てている篠田夫妻のような方もある。そんな方々やそれを取り巻く人たち、二人の原告を取り巻く人たちがこんなにたくさんいるということは、とてもうれしいことだ。私はくじに漏れてしまったが、篠田さんの介助者ということで、特別に入れるように遁所さんたちが配慮してくれた。私の住む大和《やまと》町は新潟市からかなり遠いので、おそらくその日いちばん遠くからの傍聴者だったと思う。くじに外れた人の多くはそのまま帰ってしまったが、一〇人ぐらいは廊下で待機していた。その人たちは途中でなかの人と交代して傍聴した。

原告二人のほかに弁護士が一〇人ぐらい、被告（国、社会保険庁）側には法務省の役人らしき人が一〇人足らず、で弁論がはじまった。弁護人からの意見陳述は実に説得力のあるものだった。原告二人の陳述は胸に響く。とくに遁所さんは腹筋がないために声を出すのが大変で、そのうえ過労がたたって今入院中。外出許可をとって出てきているのだ。そんな彼の話は裁判官の心をも動かしたと思う。

多くの民事裁判が書面のやりとりだけで終わるということだが、その日は一時間、傍聴人のことを考えて、言葉でやりとりをしてくれた。遁所さんの友だちで同じような立場の方が自殺して亡くなってしまったという。

経済大国の日本で、このようなことが放置されているということは、ほんとうに何のために税金を払っているのか。怒りだすのが当たり前だろう。終わってから弁護士控え室にぎゅうぎゅうづめで、ほんのわずかの話し合いがもたれた。この次にはゆっくり話し合えるような場所を用意してほしいとお願いしてきた。

一二月一八日の新潟日報は、「私の視点」に私の書いた「『学生無年金障害』に全力」を掲載した。

その後二〇〇二年一月一一日の記者会見で坂口大臣は次のように述べた。

「法と法の谷間で、現実に苦しんでいる人がいる以上、真剣に考えるのがわれわれの立場だ」

これを聞いて、多くの無年金障害者のみなさんは「お年玉がもらえた」と喜びあっているという。

今後、裁判のなりゆきとともに、厚生労働省の取り組みを見守っていきたい。

坂口大臣との話し合いのあと、秘書官の案内で厚生労働省に行った。そこで会った障害福祉課長は七月の異動できたばかりだという。でもちゃんと議事録を読んで理解していた。「趣旨はよくわかりました。点字図書館というのは、視覚障害者の方々が大変な思いをこめて作ってこられているので、そこに配慮しながら、根回しをして、視覚障害者でない方たちにもテープが借りられるようにもっていきましょう」と言う。「その方向でやってください」と言って帰ってきた。

一二月に連絡をとって、また障害福祉課長のところに行った。そこでわかったことは、手が使えない難病の方が全国でだいたい二万人くらい、視覚障害者が三〇万五〇〇〇人くらいだから、視覚障害者の約六パーセントにあたる人が対象になっている人たちだということ。

ちょうどその日、日本盲人会連合（日盲連）会長が厚生労働省にくることになっているので、そのときに話してみるということだった。その後メールがきて、日盲連会長は、この話を日本盲人施設社会協議会の点字図書館部会に諮《はか》って、前向きに取り組むと言われたそうで、視覚障害者以外の人に、録音テープが借りられるようになる日を、当事者とともに待つことにする。

障害者の問題ではまだまださまざまなものがある。これからもいろいろ頼みに行ってみようと思うことができた。

敗戦処理にはこんなこともあった。八月一日夕方、議員会館に電話がかかってきた。お年寄りの女性だ。

「やっと電話がわかりました。いろいろ聞いてみたけどわからなかったのです。私は公報を見て、あなたに相談したいことがあるのです。宿舎が麴町だというので、私は四谷ですから訪ねていけると思ったのです」

「ごめんなさい。明日はもうここから出なくてはならないのです。だからまた今度上京したときにお目にかかりましょう」と言って電話を切った。大臣に会いに上京したときにその方と喫茶店でお目にかかった。

「夫がボケてきたので運転免許を取り上げたら、それ以来落ちこんでいて」という相談だった。私の父も亡くなる前は同じようだった、と話しながら、訴えを聞きつづけた。きっと東京にはこういう相談事を抱えている人がいっぱいいるのだろうと推測できた。

選挙中に知り合った二歳の聾《ろう》児をもつ夫婦にも会った。この子のお父さんが、私の小学校時代の友人の息子さんなのだ。自分の子どもがなにかのハンディをもっていることを知った

8 月25日に地元魚沼のヤナで開かれた慰労会で。
選挙事務所を預かってくれた小林寿美枝さん。

若い親たちの、嘆き・狼狽・取り乱し・落ちこみなどにたくさん出会ってきている私には、この板垣岳人、恵子夫妻が聾児の親になってまだ二年しか経っていないのにずいぶんしっかりしているように見えた。お母さんはフルタイムの仕事を続け、障害児をもつワーキングマザーのグループにも属していた。また、保育園のことで納得がいかなければ、夫婦が力を合わせて相談に乗ってくれそうな人を探して、できるかぎりのことをやっていくという行動力もある人たちだった。

また、「全国ろう児をもつ親の会」（http://www.hat.hi-ho.ne.jp/at_home/）でも中心的な活動をしているので、いろいろなところに出ていって自分のケースを発表したり、勉強もしていた。私の身近に聾の人がいないので、話を聞くだけでも、ずいぶん勉強になった。

私の厚生労働委員会における質問を、その場で、ホームページで、議事録で、見ていた官僚のなかには、私に「絶対当選してくださいよ」などと言ってくれる人がいた。なかにはリーフレットをたくさん持っていってくれた人もあった。選挙後に挨拶に行くと、とっても残念がっていた人もある。官僚のなかにもいろいろな人がいるという、当然なことを改めて知った。

八月二五日には、東京から三〇人以上の方がここ魚沼《うおぬま》での慰労会にきてくれた。「浦佐ヤナ」で一次会を、二次会は、夫がやっている築二五〇年の庄屋の家を改良したデイサービスでもった。選挙まではまったく知らなかった者どうしが、あの選挙戦のなかで作り上げてきた同志感を確認しあったことは言うまでもない。一次会では、わが家の隣を流れている魚野《うおの》川の鮎を、二次会では私たち手作りの郷土料理をつつきながら、話題はつきなかった。

韓国に女たちを訪ねて――私なりのクオータ制を考えつく

二〇〇一年春「均等待遇アクション」――間接差別をなくし、同一価値労働同一賃金を実現する――という集まりに行って、そこで配られていた韓国へのスタディーツアーの案内を見てすぐに申しこんでしまった。以前から関心のあった、戦時性暴力被害者を訪ねるという願ってもない内容だった。八月末なら、当選してもしなくても行けると考えた。主催しているのはアジア女性資料センター。学生時代から知っている松井やよりさんが中心らしいと気づくには少し時間が必要だった。

八月一一日に事前学習会があり、そこで松井さんが講義をしてくれた。全部で三一人が行くという。その日は一九人が全国から集っていた。どの人もそれなりに市民運動にかかわってきているようだった。二〇〇〇年一二月に国際軍事法廷を日本で開いて、戦時性暴力被害者の法廷での訴えにかかわってきた方が多かった。

八月二八日から九月二日までの韓国ツアーは、学習内容がびっしりつまっていた。私にとってはじめての韓国、そしてはじめてのツアー体験だった。韓国にクオータ制や、女性省など、日本にまだできていないものができていると聞いて、日本より男尊女卑がすごいといわれる国でいったいどうしてできたのか、知りたいと思った。

二〇〇一年の一月、日本ではやっと男女共同参画局が内閣府のなかにできたばかりだというのに、韓国では同じ一月に女性省ができていた。なぜなのか。今回行ってみてわかったのは、種々の女性運動があったうえでの結果であるということは理解できたが、なんといっても金大中《キムデジュン》大統領の出現が最後の決め手だったということだ。金大中氏のパートナーが女性運動のリーダーで、彼の大統領選挙の公約に女性省を作るという一項が入っていたという。

この女性省がしようとしていることは、全省庁の幹部に女性を入れること、さまざまな意思決定機関に女性を入れること、マスコミ対策のガイドラインを作るなどして最終的には意識変革を迫りたい、とのことだった。

女たちの活動が、金大中大統領の出現を待たずに広がっていたのは、一九八三年にできた「女の電話」という現象に現れている。これは暴力を受けた場合だけでなく、女として差別されたときにかけられる二四時間体制の相談電話なのだ。全国どこからでも一三六六でかけられる。相談を受ける人がいったいどれだけ必要なのか、その人たちの養成にどれだけの費用と時間がかかったのか、考えてみると大変な力仕事だったことが想像できる。長い軍事政権のなかで戦ってきた女たちが民主政治になってすぐに取り組んだものだという。軍事政権下で獄中にいた人々が、その後実に鮮やかな活動をしている。女性省の大臣も民主化闘争で投獄された経験の持ち主だ。

女性省の文書のなかには「男女平等」という言葉がたくさん出てくる。それがとても新鮮に映った。なぜなら、日本では、その言葉をどうしても使わせたくない「草の根封建オヤジ」たちが、男女共同参画という言葉を造語としてひねり出したからだ。なぜ彼らがその言葉を嫌うのか？　私はこう思う。「すっかり平等になっているだろう。家じゃあ、尻に敷かれているわ。力があるなら、自分の力で勝ちとってこい！」と言いたいのだろう。そうは言ってもこれだけ男と女の平均賃金が違っては、意思決定の場に出るにあたって、スタートラインに並べないのが現実だ。今回、この「男女共同参画」という言葉を韓国語に翻訳するところで、通訳が立ち往生してしまった。造語なのだから。

ところで今回どこに行っても最後は、「いちばん難しいのは意識変革」ということだった。ほんとうにそう思う。

女性省ができるにいたったのには、たくさんの女たちの血みどろの戦いがある。ユン・ジョンオクさんもその女の一人だ。

彼女はソウルの女子大である梨花大学に入学後、両親から退学を勧められた。理由は一九四〇年代、一〇代の未婚の女性でとくに大学生は、多く日本軍の性奴隷にされていたから（逃げたくても逃げられない状況に置かれ、まさに奴隷と同じだったと言える）。両親の勧めどおり退学したおかげで、そのような難から逃れることができた。一九七〇年代から、自分がもしかしたらそうなっていたかもしれない性奴隷に、実際にされていた人がいるはず、と考え、調査をはじめた。このころユンさんは、梨花大学の教授となっていた。

一九九〇年に挺身隊問題対策協議会を設立。九一年七月にキム・ハクスンさんが名のり出る。その勇気に励まされて徐々に名のり出る人が増え、計二〇〇人以上が名のり出た。しかしその後六五人が亡くなって、今では一四〇人になっている。一九九二年から毎週水曜日、ソウルの日本大使館前で抗議デモをしている。元性奴隷だったハルモニ（おばあさん）が中心となっている。今ではみなさん年をとって、いすに座ってスローガンを叫ぶデモだった。私たちもその水曜デモに参加した。九年間も毎週このようにして抗議しているハルモニの姿を日本中に知らせたい思いに駆られた。日本政府は日韓両国間で解決ずみということで、個人に対して補償はできないと言っている。日韓条約締結後にやっと声を出せるようになった元性奴隷だったハルモニたちに、日本としてきちんと謝罪をして、補償もすべきだと考える。

ユンさんの一つの言葉が忘れられない。

「女を人間としてでなく、獣としてしか扱えない人は、その人自身、獣と同じ」

だから女に人間として対せるようになって、はじめて男も人間になれるということだろう。

このような女たちの力が集まっていながら、意思決定機関にはなかなか女性が入れないという点では、日本と似ていた。国会（一院制）を例にとれば、二七三人中女性はたった一五人しかいない。これは五パーセントにすぎず、日本より少ないではないか。クオータ制はどうなっているのだ。聞いてみると、四六人が比例区で、その比例区だけがクオータ制で三〇パーセントが女でなければいけないというのだ。実際女性議員一五人は全員比例区だという。しかしこれさえ、クオータ制があるからこそ実現できた数なのだ。

ところで、小選挙区ではどうしたらクオータ制ができるのだろうか。各政党に立候補者の何割かを女性にすることを義務づけることは可能なのかもしれない。しかし、立候補者に女性が三〇パーセントいたからといって、当選する人はどれだけになるのだろうか？

そこでフランスのパリテ法（直訳すると「公職就任男女平等促進法」）というのが出てきたわけがわかってきた。パリテとは同数のこと。ヨーロッパのなかでは日本並みに女性の議会進出が遅れているフランスが、なぜ一挙に同数になるのだろうと考えていたら、解が見つかった。小選挙区を二つつなげて全選挙区を二人区にする、そして男女一人ずつ選ぶことにすれば確実に同数になる。これこそがパリテ法なのだろうと勝手に考えていた。

ところが、フランスにいる友人に頼んで調べてもらったら、違っていた。比例代表制で、各政党に候補者選定の段階で同数を義務づけているのだ。「候補者の男女数の差は一を超えてはならない」となっている。しかし、適用除外がある。人口三五〇〇人未満の市町村がそれだ。そしてなんと市町村議員全体の八六パーセントがこれらの市町村の議員なのだ。

1992年から毎週水曜日にソウルの日本大使館前で行われている
抗議デモ（座っている右から2番目がユン・ジョンオクさん）。
ハルモニたちの姿を日本中に知らせたい！

といっても、日本では市町村議会がいちばん女性議員の割合が少ないが、フランスの市町村議会では女性議員比率四七パーセント（それまででも二二パーセントもあった）と国会や県議会よりもずうっと高くなった。それは人口三五〇〇人以上の市町村議会だけに候補者の男女同数を義務づけても（地方議会も比例代表制）パリテ法ができてからの統一地方選（二〇〇一年三月）によって、国民の意識が変化してきたことの表れであろう。

二〇〇一年九月に行われた上院選では、それまで三二一議席中女性は二〇議席だったのに、一挙に三五に増えた。上院は任期が九年、三年ごとに三分の一が入れかわる。単純に計算すると、二〇の三分の一である七が二二まで増えたということになる。これは大変な数字である。何はともあれ、フランスにとっては大変革ということになるのだろう。もちろんここにいたるには、たくさんの人々の努力があっただろうことは十分に想像できる。

韓国の話にもどると、私たちはソウルにつくとすぐに西大門刑務所記念館に行った。そこは日本が占領していたころに政治犯を収監していたところで、実に生々しくそのころの様子が展示されていた。さらに拷問の様子をテープで再現している。これはかなり遠くまで悲鳴が聞こえるので、実にすさまじい。その後、小泉首相が韓国を訪問した際につれていかれたのが、この西大門刑務所記念館だったのだが、そこを視察したあとの首相談話で「お互いに反省」とあり、エッ?と耳を疑った。あれだけのものを見せられて「お互い」などと言えるのはなぜなのだろう?

水曜デモの後、「ナヌムの家」に行った。これは自分がかつて性奴隷だったと名のり出たことによって、今まで住んでいたところに住みにくくなったハルモニたちの住処《すみか》として、仏教人権委員会女性委員会が設立したものである。家族に迷惑がかかるのを恐れて、自ら家を出た人もあるという。

一九九二年にソウルに建てられたが、一九九五年に空気のいい山の中に新築された。私たちが訪れたのはそこだった。かつて日本でも「ナヌムの家」の映画の上映会が全国を回ったので、宣伝のチラシなどを見る機会があり勝手に想像していたのだが、実際見たものは、イメージとはかけ離れていた。ソウルにあったそれが、私のイメージに近かったらしい。

新しいそれはコンクリートの頑丈な建物だった。日本軍「慰安婦」歴史館とハルモニたちの居室部分とに分かれている。歴史館は説明つきで見せてもらえたが、居室部分は見られなかった。想像するに、私たちがこの地で運営しているケアハウスと同じようなものなのだろう。今は九人が暮らしているという。すでに三人が亡くなっている。

短時間のつきあいだったので、表面的にしかわからないが、水曜デモに参加したハルモニが、昼食を私たちと一緒に食べて、残ったものを袋に入れ、こなかったハルモニたちのために持ち帰ったという。そんなことから日常生活を想像するしかない。肩を寄せあって、長い年月背負いつづけてきた荷物を少しずつ分けあって、残り少ない日々を大切に過ごしているのではないだろうか。

最後に、板門店《パンムンジョム》に行った。これまたすさまじいものだった。まず、服装からチェックが入る。

一、ジーパン、サンダルはだめ。

二、襟つきの洋服。

これでだいたいがわかるというものだ。アメリカ的なものを排除したいらしい。

いちばん驚いたのは、握りこぶしを腰のところに少し離しておき、腕を少し曲げて、立つ。このスタイルをまったく変えずに一時間から三時間立っている兵士がいることだ。一〇人くらいの兵士がこの格好をしている。いったい息をしているのかと、鼻の先に手をかざしてみたかった。ロウ人形と言っていた人もいた。この緊張感が板門店のすべてを象徴している。鉄条網もあるし、三八度線の南北二キロ以内（非武装地帯といわれる）の村は、門限が六時とかで、なんとその村の名前が「自由の村」とは！

日本にだって米軍基地はあるのだし、沖縄では日常的に被害が起きているというのに、日本人があまりにも軍隊・軍備・軍事行動に無関心すぎることが、韓国とのいちばんの違いではと思った。しかし、九月一一日のニューヨークの事件以来、日本政府の、なんとかして戦争に参加したいという姿勢が見えるようになり、これに多くの人が恐ろしさを感じはじめているのは喜ばしいことだと思う。

韓国に行ってみて、一七歳まで韓国で暮らしていた韓国人の古い友人が、「韓国の女は働き者だけど、男は怠け者」と言っていたのは、昔のことかもしれないと思った。労働時間は二〇〇〇年韓国が日本を抜いて世界一になっている。ソウルの町は眠りにつく時間がないほど、夜中じゅうにぎわっていた。韓国の経済発展が、日本のように子どもたちの問題行動やさまざまな犯罪を生み出さなければいいがと、祈りたい気持ちで帰路についた。

女たちの奮戦――WINWIN・女性議員サミット

ＷＩＮＷＩＮには大変お世話になったので、終わってすぐにファクスで感謝の気持ちを伝え、赤松さん、下村さんに会いたいと連絡をとった。八月一二日夜に二人と約束ができた。当日になって下村さんがこられなくなり、結局赤松さんとの夕食会になったのだが、東京在住の二人の息子（長男宇洋、三男乙水《いつみ》）も同席した。

赤松さんに婦人少年局時代からの話が聞けたことは大収穫だった。二人の息子も質問をはさんだりして、有意義な時間だった。赤松さんが労働省（現厚生労働省）に入ったころは大卒のキャリアといわれる上級職国家公務員の女性は、労働省にしか入れなかった。それを彼女が総理府婦人問題担当室長のころに、あらゆる省庁に女性のキャリアを入れるようにと動き回ったとのことだった。

私の高校・大学の後輩にあたる松原亘子《のぶこ》さん（旧労働省で日本初の女性事務次官）と男女雇用機会均等法成立につくし、その流れは、今の雇用均等・児童家庭局長岩田喜美枝さんに受けつがれている。この方は厚生労働委員会で政府参考人として同席することがあったが、実にしっかりとした何事にも動じない雰囲気で答弁している姿が印象的だった。

赤松さんは今回私を推薦するにあたって、岩田さんに私の国会活動の様子を聞いたらしく、好印象をもって岩田さんが語ってくれたよし、赤松さんからうかがった。男女雇用機会均等法が、「個別労働関係紛争の解決の促進に関する法律」のなかにふくめられることになるときに、私自身がはじめてこの岩田さんに質問した。

その法律では、「都道府県労働局長は……紛争の解決のために必要があると認めるときは、機会均等調停委員会に調停を行わせるものとする」となっており、「必要があると認めないとき」はどんなときか、と聞いた。多くの女性たちはたいていのことについてはあきらめている。そんな女性が訴えるということは、よくよくのことであるのだから、やっとの思いで申し出たときに、「必要がない」と言われてしまっては、大変なショックであると訴えた。

これについて岩田さんは、「紛争発生から長期間経過しているとか当事者が不当な目的で申請を行っている」などのときに認められないと言う。長期間とは一年ぐらいというので、私は言った。「多くの女性は女のほうが下で当たり前と思っている。だけれども、何かのきっかけでおかしかったんだと気づいて、過去にさかのぼって考えて、そのことを訴えるところまでこぎつけたのであれば、二年、三年経過していても取り上げる方向で再考していってほしい」と締めくくった。

私は、赤松さんが文部大臣だったときに、大阪の中学生が坊主頭をやめさせてくれという投書をしたことについて、「坊主頭を見るとぞっとする」とのコメントをしたのが「さすが。女でなくては言えないこと」と感動したことを赤松さんに伝えた。すると、「あれでものすごくたたかれたの」と言った。そうだろう。男には言えない言葉だし、男が嫌う「感情的」な発言ということになるのだろう。でも私は思う。女だからこそもてる武器がある。実際大阪ではこれを機に坊主頭は廃止となったのだから、すごいこと。もちろん投書をした中学生の勇気と、それを後押しした赤松元文部大臣の発言の双方が廃止へと導いたのだろうが。

ちょうどそのころ、私は登校拒否児や障害児者のスペース、大地塾をやっていて、小学校からずうっと登校拒否をしていた当時中学三年生の女生徒が関東地方のほかのスペースの人たちと数人で国内旅行をしたときに、大阪でその投書をした中学生と出会ってきていたので、印象深い事件だったのだ。

その日夕食会をした国際文化会館は、赤松さんのお宅のすぐ近くだった。帰りに自宅へと誘っていただいたのに、その日のうちに帰ってこなくてはならないために、せっかくの機会を逃してしまったのはとても残念だった。

このときに、お世話になったお礼もこめて、WINWINのためにしてほしいことがあったら言ってくださいとお願いすると、赤松さんは「会員を増やして」と言われた。そこで一〇〇枚の案内をいただいてきて、関心のありそうな方に配った。その結果入会していただけた方はずいぶん少なかったようだ。というのは、入会金が一万円というのが結構大変ということらしい。そしてさらに、選挙のときに自分が支持する候補に一口一万円を寄付するということだから、多くの女たちには大変なことだ。

WINWINは三年前に結成されて以来、太田房江大阪府知事、堂本暁子千葉県知事、そして二〇〇〇年の衆議院選挙では東門美津子、鎌田さゆり、水島広子を当選させている。ところが、今回の参議院選挙では選挙区で五人を推薦したのに全員落選してしまった。これはWINWINにとって衝撃だった。そこではじめてのシンポジウムが開かれることになった。シンポジストはこれまでに推薦された人たちが主だった。私もその一人。一一月一日に憲政記念館で行われた。大勢にきてほしくて、ずいぶん多くの方にファクスや郵便で案内を送った。

ＷＩＮＷＩＮの推薦の条件は、新人、同じ選挙区に女性が一人、当選の可能性がある、の三条件だった。私の場合、六年前が比例区で今回は選挙区、ということで、新人扱いになった。また比例区は政党の選挙だから、政党が資金を出すだろうということで、推薦はしても資金提供はしないということになっていた。今回比例区の七人が推薦を受けた。

シンポジストは鎌田さゆり、水島広子、幸田シャーミン、吉川まゆみ、上田けい子、有村はる子、田嶋陽子、円より子と私の九人だった。精神科医としての水島さんは女性と子どものことに限定して取り組むと宣言。それに対して円さんは、外交や経済など、男の世界に女が入っていくことの重要性を話した。このときのことを早野透氏は一二月二〇日付の朝日新聞「ポリティカ日本」に書いている。私の発言も引用されていた。

一一月一一日と一二日、熊本で女性議員サミットが開かれ、私も参加した。一九九八年に青森で第一回が開かれ、二〇〇〇年には長野で第二回が開かれた。私はそれをＪＪネットで読んで知っていた。今現在ＪＪネットは三〇〇号を超えているが、私は一号からとっていたので、これを通して知った情報はとてもたくさんある。そのなかにこの女性サミットのこともあった。

過去二回の女性たちの熱気が十分伝わってきていたので、今回もそれを期待して行った。一二〇〇人もの参加者があること自体、関心の高さを表しているのだろう。そして主催者の意図とは関係なく、人がそれだけ集まれば、必ず一人ひとりのネットワークが広がるわけだから、それだけで大変な成果と言えよう。ただ多すぎるということもありうると思った。全体会では発言するのにとても勇気がいるし、分科会でさえ、人数が多すぎる。じっくり話し合うということができない。

熊本で開催されたのは、そこに女性知事の誕生があったからだと思う。ところがよく聞いてみると、自民党と女性グループが潮谷義子さんを推して選挙したのだが、当選してからは自民党に近づかざるを得なくなったために、女性グループは遠ざかってしまったという話だ。堂本さんの選挙のときに、浅野史郎宮城県知事が「選挙のやり方でその後の舵とりが決まってしまう」と言いつづけたそうだが、自民党に推してもらえば、そうなるに決まっているわけだ。同じ女性知事でも千葉と熊本はかなり違うことになっているようだ。

この女性議員サミットでは、女性連帯基金の中嶋里美さんはじめ、フェミニスト議員連盟のみなさんが、精力的に女性議員を増やすということに神経を集中して行動していることに感心した。

選挙中に出会った方で、市川房枝記念館に関係している方がたくさんあったので、そのなかの一人岩瀬房子さんに案内していただいて西新宿にある記念館を訪ねた。名前しか知らなかった市川さんの姿をビデオや写真で見ることができ、本を買って帰ってきた。そのうえ、絶版になっている本を岩瀬さんがたくさん送ってくださり、いろいろ読ませてもらった。平塚らいてうや伊藤野枝の本はかなり読んでいたのに、市川房枝の本を読んだことがなかったというのは、私が政治嫌いだったことの証だと思った。

記念館で行われている政治スクールが、たくさんの議員を育てていることを知っていたので、そのスクールの現場を見せていただき、その質素なたたずまいに、これでこそ、という感じを受けた。歴史の重さも見てとることができた。

市川さんが一貫して取り組んできた公明選挙と、現状があまりにかけ離れているということを市川さんに見られているように思えて、恥ずかしい感じもした。

岩瀬さんは当年七八歳。さまざまな市民運動に取り組んできて、私の選挙にもその延長のようにして、後半深くかかわってくれた。一九七〇年、学園闘争の盛んなころに、娘さんの影響で、「勉強しなくては」と痛切に思い、この記念館に足を運んで、勉強をはじめたのだという。その後彼女が取り組んできたことは数かぎりなく、地域のこと、日本のこと、世界のこと、教育に、食べ物に、平和にとテーマも実に広い。このような方を育てたのも、この記念館だったのだ。

市川房枝記念館で発行している月刊誌「女性展望」は、二〇〇一年通常国会における女性議員の活動をレポートしている。二〇〇二年一月号で訂正記事を出し、黒岩秩子の発言率（出席回数に対する発言回数の割合）は、八二・四パーセントでトップであると報じている。数字そのものが活動の量を示すとは思っていないが、それにしても実質二カ月間の委員活動で「よくやった」と自分をほめてあげたいと思う。

戦前からの身を削る女たちの軌跡の上に今がある。しかし、やっとのことで獲得した女性参政権だというのに、その活用は遅々として進んでいない。最近地方でも、県レベルで女性の政治参加に対するバックアップスクールなどが開設されるようになってきている。それらが女性の進出に機能することを祈っている。

また、クオータ制について考えているうちに私が発見した方式（すべての小選挙区を二人区として、男女一人ずつを選ぶ）を広めていきたいと思っている。そして実現までこぎつけたいと切望している。

未来に向けて

選挙が終わってから六本木の田中秀征さんの事務所を訪ねた。開口一番、彼はこう言った。

「あなたはあなたのままがいいんですよ」

この言葉を耳にしたとき、私は涙ぐんでしまった。この言葉こそ、私が欲していた言葉だと思った。「私はこれからどうしていったらいいの？」との問いかけにも、当然のごとく「今までどおりでいいんですよ」が返ってきた。「必要とされるときにはお呼びがかかりますから」。これが彼の生き方だった。九回立候補して三回当選したという実績をもつ彼らしい言葉だった。細川内閣・村山内閣・橋本内閣と、そのような「お呼び」がかかった彼だった。今も、小泉内閣の私的諮問機関の座長を務めている。

私はそれ以来、「敗戦処理」をしたり、国会・選挙活動の報告を聞いてくれる人があれば、どこにでも手弁当で出かけていったり、前と同じようにケアハウスの当直や、ケアハウスでの「みんなの体操」に毎日足を運んでいる。

今、未来に向けて取り組んでいることの一つに「希望の輪」の集まりへの参加がある。これは安田せつ子さんの呼びかけで八月からはじまったものだ。彼女は二〇〇〇年の衆議院選挙に、神奈川の小選挙区で社民党から立候補して落選した。日本消費者連盟の職員として遺伝子組み換え食品に深くかかわり、それについての本を何冊か出している。二〇〇一年の参議院選挙全国比例区の公認候補に推されたが、これを辞退して「希望の輪」をはじめた。「希望の輪」は、お金をかけない選挙を研究・実践し、大組織などとのしがらみのない市民派候補（とくに女性）を多数押し出して、政治改革を目指す運動だ。お金がなくても地域で活動してきた人が選挙に出られる仕組みを作る。環境、福祉、教育、平和などを政策として共有できるグループとして存在する。どんな制度にしたら、お金を持たない人が選挙に出られるようになるのか、ワーキングチームを作ってリサーチしているところだ。

また、辛淑玉さんの助言により、ラジオ放送を買いとって、「電波ジャック」と称するやり方でさまざまな問題を訴えていくことをはじめようともしている。

「投票してくれた一七万の人たちに責任をもって発言してください」という激励を受けた。新聞への投稿などさまざまな方法で発言していくつもりである。また選挙中、わがこととして活動してきた全国の仲間たちがいる。言葉にならない心を、政治の場に届けてほしいと訴えている子どもたちがいる。そんなたくさんの人たちに恥じない生き方をしていきたいと痛切に思う。

あとがき

人の心は、表面的には「北風」によって動いているように見えるけど、ほんとうの意味で心が動くのは、「太陽」によって暖められたときである。そのことが信じられるような社会にしていきたい。そのためには、私は、自分のなかにある「太陽」を深く信じて、それのみを武器として、私を必要としている場で、働いていきたいと思っている。

私の末っ子の揺光（二一歳）は、二〇〇一年の参院選に参加したことを「すばらしい二〇歳の夏をプレゼントしてくれてありがとう」と言って、その後スウェーデンのウプサラ大学へ、一年間の留学に行っている。また、二〇〇一年三月から、一年間わが家でホームステイしていたスウェーデン人のユアン（一七歳）が、帰国した。長年羨望の目で見つめてきたスウェーデン社会のやわらかさを、今年こそこの目で見てきたい、と夢を膨らませ、スウェーデンに関する本を読みあさった。「福祉」「ボランティア」などという言葉に胡散臭さを感じつづけてきた私は、かの地において、それらの言葉をなくして、「共に」という方向で改革がなされてきていること、その一環として「施設解体」(『スウェーデンにおける施設解体——地域で自分らしく生きる』現代書館刊に詳しい)が実現していること、などわくわくしながら読んだ。ユアンのうちに泊まり、揺光の案内で、さまざまな思いがけないものと対面することを楽しみにしている。

二〇〇二年三月にスウェーデン行きを実行するつもりだったのに、思いがけない展開があった。四月に行われる参議院新潟選挙区の補選に、五カ月間私の秘書を務めた長男宇洋(三五歳)が、民主、自由、社民、野党三党の推薦という形で立候補することになったのだ。彼の秘書としての活動を見ていた方が彼の力量を発掘してくださったのは、親として光栄でもあり、また、うれしくもある。この本に書きつづけてきた「女性を決定の場に」というスローガンからすれば、矛盾するとも思えるが、志を同じくする男性との共闘は当然のことであるから、これもよしとしよう。

「今年はひっそりと暮らしたい」という年賀状を出した二〇〇一年は思いがけない激動の一年となったように二〇〇二年もまた、思いがけない展開になりそうな気配である。四月に選挙が終わったら、今までどおり障害者のこと、女のこと、子どものこと、生活のことを通して、「報復」というようなやり方でない解決方法を探りつづけていきたいと思っている。

この本が、そのための仲立ちになってくれることを期待している。

この本は、ずいぶん多くの方々のお力に助けられて作られた。登場してくださった方々には、ほとんど目を通していただいたうえ、間違いを直していただいたばかりか、新しい情報をいただいたりすることができて幸せだった。編集者の橋本ひとみさん、校正者の志村かおりさん、日向由美子さんにはずいぶん細かいところまで手を入れていただいて、私の文章がいかにむだが多いかということを気づかせていただいた。深く感謝したい。

築地書館の社長、土井二郎さんは、一面識もない私の原稿を読んで、すぐに出版の決心をしてくださり、また、正月休みを返上して仕事をしてくださった組版・印刷所のみなさんのおかげで、こんなに早くできあがった。ありがとうございました。

二〇〇二年一月

黒岩秩子

【著者紹介】

黒岩秩子（くろいわ・ちづこ）

一九四〇年名古屋生まれ。

一九六〇年学生運動で知り合った黒岩卓夫と結婚（旧姓北大路）。

一九六三年大学を卒業し、高校教諭（数学）に。

一九七〇年保母に転職。調布市保恵学園保育園に勤める。

一九七一年新潟に引っ越し、浦佐保育所保母となる。

以来一八年間、町立保育所の保母を務める。

この間、萌実《もえみ》・宇洋《たかひろ》・海映《みはえ》・巌志《がんじ》・乙水《いつみ》・帆姿《ほし》・揺光《ようこう》の七人の子どもを出産。子育てをしながら仕事を続ける。

一九九〇年より登校拒否児・ハンディのある人たちをふくめたスペース、大地塾を主宰。塾生たちに教えられることの毎日。ここでの経験が議員活動のもとになっている（一九九八年大地塾閉鎖）。

一九九五年参議院議員選挙に、新党さきがけから比例代表区で立候補。

二〇〇一年三月繰り上げ当選で参議院議員に。厚生労働委員会に所属し、五カ月間議員を務める。

二〇〇一年七月の参議院議員選挙に東京選挙区から立候補するが、おしくも落選。

現在は、地元新潟にもどり、「共に育つ会」の仲間と立ち上げた社会福祉法人の評議員を務め、ケアハウスの運営にたずさわる。知的障害者虐待事件の裁判、無年金障害者の裁判の傍聴・支援など、地域の人たちとともに、地道に活発に活動を続けている。

著書に『おお子育て』『続おお子育て』『へビも毛虫もお友だち』『ヘンテコおばさんと子どもたち』（教育史料出版会）、『育てあい家族』『未来をはぐくむ大地から』（径書房）、『個性が育つ目配り気配り』（明治図書）、『わがまま？いじめ？勉強？＝何も教えない子育て』（世織書房）など。

住所：〒九四九‐七三〇二　新潟県南魚沼郡大和町浦佐五四二八
電話：〇二五七‐七七‐二一八七　ＦＡＸ：〇二五七‐七七‐三四二二　E-mail：c-kuroiwa@mqc.biglobe.ne.jp

7人の母、国会を行く——ひきこもり・障害児者とともに

二〇〇二年三月二〇日初版発行

著者——黒岩秩子
発行者——土井二郎
発行所——築地書館株式会社
東京都中央区築地七-四-四-二〇一　〒一〇四-〇〇四五
電話〇三-三五四二-三七三一　FAX〇三-三五四一-五七九九
ホームページ=http://www.tsukiji-shokan.co.jp/
組版——ジャヌア3
印刷・製本——株式会社シナノ
装丁——新西聰明
カバーイラスト——平松尚樹

ISBN 4-8067-1239-6 C0036

●築地書館の本

◉総合図書目録進呈。ご請求は左記宛先まで。
〒一〇四―〇〇四五　東京都中央区築地七―四―四―二〇一　築地書館営業部
《価格（税別）・刷数は、二〇〇二年三月現在のものです。》

無党派革命
千葉が変われば日本が変わる

堂本暁子［著］　一五〇〇円

組織なし、後援会なし、ないないずくしでスタートして、どのように知事選に勝利したのか。百円カンパ、勝手連、演説なし、電車内での対話集会……ふつうの市民が政治を変えるための無党派市民型選挙の全貌。

こんな公園がほしい
住民がつくる公共空間

小野佐和子［著］　◉3刷　二〇〇〇円

行政と力を合わせればここまでできる。公園、団地の庭づくり、コミュニティーセンターなど、住民参加型まちづくりの実践例を多数あげながら、住民によって理想的な公共空間を実現するための方法をさぐる。

女性候補者を勝利に導くガイドブック

全米女性政治コーカス［著］
いきいきフォーラム2010［編訳］　一九〇〇円

アメリカで女性候補者を大量当選させた、世界が注目する選挙マニュアル。生活者の視点で政治・社会を変えたい……そんな志と情熱を持つ女性のために。

母のキッチンガーデンから
「もったいない」と「豊かさ」のゆくえ

シニット・シティラック［著］
「地球の木」シニットさんの本を読む会［訳］　一五〇〇円

タイの気鋭の研究者であり、環境・開発・女性問題の活動家である著者が、カナダ留学で、今まで低く見ていた母親のエコロジカルな生き方を再発見。開発・消費主義を問う。

◎くわしい内容はホームページを。URL=http://www.tsukiji-shokan.co.jp/

●行財政改革を考える

土地開発公社
塩漬け用地と自治体の不良資産

山本節子［著］　二四〇〇円

売れない土地は自治体に買わせろ！「列島改造」から「バブルの受け皿」まで、自治体が土地開発公社を使って抱えこんだ不良資産発生のしくみと現状を、一〇年にわたる調査から克明に描き出す。

ごみ処理広域化計画
地方分権と行政の民営化

山本節子［著］　二四〇〇円

行政の構造改革のなかで、市町村が直面する戦後最大のターニングポイントを、廃棄物行政の大転換を通して浮き彫りにする。

【目次より】「ごみ処理の広域化」とは何か／「広域化」の何が問題か／「広域化」のうしろ側／他

水道がつぶれかかっている

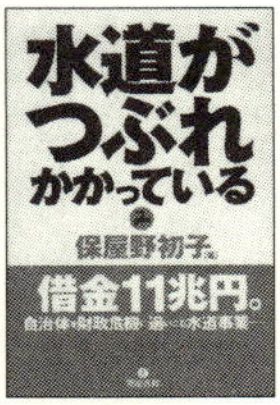

保屋野初子［著］　◉2刷　一五〇〇円

日本の水道行政のしくみと、構造的にかかえる問題点を、綿密な取材で明らかにした、「水道破綻」問題の全体像に迫る待望のリポート。11兆円におよぶ借金残高をかかえ、破綻しつつある全国各地の水道事業……その借金と、今後家計を直撃する水道料金のしくみをていねい解説。

よみがえれ生命の水
地下水をめぐる住民運動25年の記録

福井県大野の水を考える会［編著］　一九〇〇円

水行政にかかわる住民運動のモデルケースとして、全国で注目を集める活動リポート。◉日本農業新聞評＝地域の大切な水を守ろうとする情熱はすごい。生活に根ざしたその手法は学ぶべきものが多くあり全国の運動に勇気を与えてくれる。

●国際社会・NGO

地雷リポート

神保哲生［著］　◉2刷　二四〇〇円

アジア・アフリカの地雷原で地雷除去の先頭にたつNGOの活動、アメリカ連邦議会から日本の状況までを網羅する、対人地雷問題の基本書。世界の地雷廃絶への大きなうねりと、自ら製造し、一〇〇万個以上の保有を続ける「地雷大国ニッポン」の姿を追う。

ボランティアの世界

私が変わる社会が変わる

吉村恭二［著］　一五〇〇円

ボランティアの本質は？　活動のあり方は？　横浜YMCAの総主事を長年務めた著者が、日本社会を人間性豊かなものに変革していくために、新しい時代を切り拓く主役としてのボランティア像を明らかにする。

ヒットラーでも死刑にしないの？

中山千夏［著］　◉2刷　一六五〇円

近代イデオロギーとしての「人権」論を超えて展開する、待望の死刑廃止論、決定版。死刑はよくないと思うけれど、具体的な死刑支持論にぶちあたると、どう答えたものか迷ってしまう人のためにおくる、やさしい言葉で語る千夏流死刑廃止論。

生きる歓び

イデオロギーとしての近代科学批判

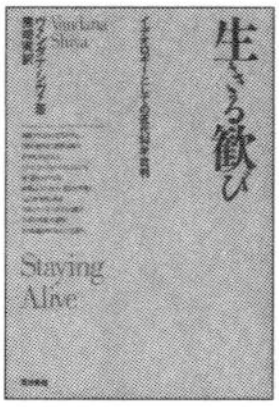

ヴァンダナ・シヴァ［著］　熊崎実［訳］　二九〇〇円

自然の断片化をもたらした西欧近代科学が、人びとの生きる歓びと働く意味をどのように破壊してきたかを、豊富な事例をもとに歴史的に検証する。もう一つのノーベル賞「ライト・ライブリフッド賞」を受賞したシヴァの代表作。

●日々の生活に役立つ本

あなたもできる自然住宅

船瀬俊介［著］　◉2刷　二〇〇〇円

子ども、家族のことを考えたら、自然で快適な家がいちばん。『プロも知らない「新築」のコワサ教えます』の著者が、地元の工務店とパートナーを組み、実際に自分の家を建てて、住んでみてわかった、後悔しない家づくりのすべてをわかりやすく説明。

こんな特養ホームだったら入りたい　日本全国特養ホームめぐり

石川奈津子［著］　◉2刷　二〇〇〇円

入所者の住み心地で全国の特養ホームをチェック！「独断と偏見」でランク付（入りたい・悪くはない・できれば遠慮したいの三段階）。巻末にサービス内容に関するアンケート結果など充実した資料も掲載。

安全に食べるための基礎知識

エドワーズ＋バザルゲティ［著］
浦和かおる［訳］　一四〇〇円

安全な食卓への実践ガイド。ハンバーガー、缶詰、冷凍食品……身近な食べ物の扱いについて、私たちはどれだけ知っているだろうか。また、冷蔵庫、電子レンジなど理想的な台所設計まで盛り込んで食品管理をガイドする。

なぜ婦人科にかかりにくいの？　利用者からの解決アドバイス集

まつばらけい＋わたなべゆうこ［著］　◉2刷　一四〇〇円

からだの具合が悪くても、敷居が高くて……。嫌な思いをしたことがある。そんな方のために、患者としての体験と患者サポートグループの活動経験をもとに、安心して、納得して婦人科にかかるコツを教えます。女性医師リスト付。

◎メールマガジン「築地書館Book News」申込はhttp://www.tsukiji-shokan.co.jp/で

●心ゆたかな子どもを育むために

「親」を楽しむ小さな魔法

エリザベス・クレアリー［著］
田上時子＋三輪妙子［訳］
◉2刷　一六〇〇円

「叩かず、甘やかさず」に、のびのびと、それでいてしっかりした子どもが育つ、魔法のような言葉と知恵がいっぱい。全米ベストセラーのワークブック。児童虐待を防止するための親指導書としても最適。

子どもとの自然観察スーパーガイド

日高哲二［著］　◉2刷　二〇〇〇円

自然の面白さを子どもたちに伝えたい。大人にも自然の不思議さを感動する心をもってほしい。三宅島でレンジャーとして活躍した著者が、経験をもとに自然を楽しむための方法を提案する。観察会のコツも紹介。

子どもとのコミュニケーション・スキル

田上時子［著］　◉2刷　一〇〇〇円

子どもの心・感情をきちんとうけとめ、お互いによい関係を築くための聴き方・話し方を具体的に紹介。【目次より】人の話を聴けなくするもの◆人の話を効果的に聞く◆表現の4つの種類◆子どもの話を聴く方法

内臓のはたらきと子どものこころ

三木成夫［著］　◉3刷　一四〇〇円

◉暮らしと健康評＝内臓の感受性がいかに心の発達のために大切であるかを、広い視野の中で眺めている。おとなのつごうで子どもの本当の要求を無視したりして、かえって子どもの発達を疎外している場合が多いなど、保育するうえでの反省を喚起する一冊。

◎くわしい内容はホームページを。URL=http://www.tsukiji-shokan.co.jp/